本书系中国社会科学院国情调研重大（推荐）项目
"中国影子银行体系调研"之成果。

中国社会科学院创新工程学术出版基金

# 透视中国影子银行体系

## Revealing the Chinese Shadow Banking System

● 张　明　　高海红　　刘东民　　肖立晟
　　陈思翀　　李远芳　　高　蓓　　邹晓梅　◎著

中国社会科学出版社

## 图书在版编目（CIP）数据

透视中国影子银行体系／张明、高海红、刘东民等著 . —北京：
中国社会科学出版社，2014.3
ISBN 978 – 7 – 5161 – 3933 – 2

Ⅰ.①透…　Ⅱ.①张…②高…③刘…　Ⅲ.①银行体系—研究
报告—中国　Ⅳ.①F832

中国版本图书馆 CIP 数据核字（2014）第 025379 号

---

出　版　人　赵剑英
责任编辑　张　林
特约编辑　金　泓
责任校对　高建春
责任印制　戴　宽

---

出　　　版　中国社会科学出版社
社　　　址　北京鼓楼西大街甲 158 号（邮编 100720）
网　　　址　http://www.csspw.cn
　　　　　　中文域名:中国社科网　　　010 – 64070619
发 行 部　010 – 84083685
门 市 部　010 – 84029450
经　　　销　新华书店及其他书店

---

印刷装订　三河市君旺印装厂
版　　　次　2014 年 3 月第 1 版
印　　　次　2014 年 3 月第 1 次印刷

---

开　　　本　880 × 1230　1/32
印　　　张　8.875
插　　　页　2
字　　　数　131 千字
定　　　价　38.00 元

# 目 录

# 前　言

本书是 2013 年中国社会科学院国情调研重大（推荐）项目"中国影子银行体系调研"课题（主持人为高海红、张明）研究成果，也是中国社会科学院创新工程项目"国际货币金融体系改革与中国的政策选择"的组成部分。

中国影子银行体系的产生和兴起是近几年中国金融市场发生的最重要变化之一，是对传统金融中介模式的挑战，也对央行的货币政策效果产生了冲击。影子银行是金融市场规避金融监管的产物。一方面，影子银行突破了监管当局的存贷比限制，扩大了金融机构的信贷投放能力，对实体经济的发展起到了积极的作用，有利于推进中国的利率市场化改革；另一方面，影子银行加大了金融市场的系统性风险，若不建立起良好的风险防范意识和措施，将对中国金融稳定和经济增长产生不利影响。本书对中国影子银行体系的定义、现状、典型形态和潜在风险进行了全面的梳理和研究，并提出了相应的政策建议。项目组成员还针对西部某省的影子银行发展进行了实地考察，并完成了调研报告。全书由中国影子银行体系研究报告（摘要）和六篇报告组成。

第一篇为总报告。该部分首先对中国影子银行体系进行了界定，对其规模作出了估算，并比较了中外影子银行体系的异同。其次，从供给与需求层面分析了中国影子银行体系自 2010 年以来蓬勃发展的原因，并总结其产生的合理性。最后，梳理了中国影子银行体系的潜在风险，包括流动性风险、信用违约风险以及对央行货币政策构成的挑战，并在此基础上，就如何应对影子银行风险给出了相应的政策建议。

第二篇为人民币理财产品分报告。该部分首先分析了人民币理财产品的规模、收益率、期限结构和基础资产投向等基本特征。其次，分析了人民币理财产品的运作模式，包括一对一模式和"资金池—资产池模式"。再次，分析了银行理财产品对宏观经济政策的影响。最后，深入分析了人民币理财产品的潜在风险，并在此基础上，就如何推动人民币理财产品业务健康发展提出了相应的政策建议。

第三篇为信托业分报告。该部分首先介绍了信托的定义和类型，并分析了中国信托业当前的发展特征及其背景原因。其次，结合具体的信托产品案例，介绍了中国信托业的运作模式，包括银信合作、房地产信托和资产池信托。再次，回顾了与信托业相关的监管动态，梳理了信托业面临的潜在风险，并从长效监管机制和危机管理两个方面有针对性地提出了具体的政策建议。最后，分享了日本信托业发展的经验教训。

第四篇为银证合作分报告。该部分首先阐释了银证合作通道类业务的定义、规模及特点。其次，分析了银证合作通道类业务产生的原因，包括制度原因、市场竞争需要和政策激励。再次，解析了银证合作通道类业务的运作模式。最后，分析了银证合作业务的潜在风险和问题，对其发展前景进行了展望，并提出了相关的政策建议。

第五篇为城投债分报告。城投债是与影子银行密切相关的金融产品。该部分首先从城投债的概念和特征谈起，分析了城投债的发展形势。其次，结合具体的案例，剖析了城投债的运作模式，分析了中国城投债与美国市政债的区别。最后，评估了城投债的风险，并提出与城投债相关的监管改革意见。

第六篇为影子银行调研报告。该部分以西部某省影子银行体系实地调研为基础，对中国影子银行体系兴起的原因、潜在风险作出了判断，并在此基础上提出了具有针对性的政策建议。

本书写作由高海红、张明、刘东民、肖立晟、陈思翀、李远芳、高蓓和邹晓梅共同完成。其中，第一篇由张明完成；第二篇由肖立晟完成；第三篇由陈思翀完成；第四篇由高海红和高蓓完成；第五篇由刘东民完成；第六篇由刘东民和邹晓梅完成，其中调研会议纪要由李远芳、陈思翀和肖立晟完成。

我们感谢中国社会科学院和中国社会科学院世界

经济与政治研究所的资助；感谢余永定老师对本课题提供的指导；感谢王增武、曾刚、温彬、姜燕、张帆、姚枝仲、张斌、郑联盛、孙杰和黄薇等业内人士和研究同仁对本书提出的宝贵意见。本书文责自负。

本书作者简历如下：

高海红（gaohh@cass.org.cn），现任中国社会科学院世界经济与政治研究所研究员，国际金融研究室主任，国际金融研究中心主任，中国社会科学院研究生院世界经济与政治系博士生导师，世界经济学会常务理事。研究领域为国际金融，重点研究国际金融体系、汇率、货币国际化和区域货币合作。现任中国社会科学院创新工程"国际货币体系改革与中国的政策选择"首席研究员，国家社会科学基金重点项目"二十国集团面临的全球治理问题研究"主持人。曾主持中国人民银行和国家财政部的多项课题研究。是英国志奋奖学金和世界银行青年学者奖学金获得者。

张明（zhangmingcass@vip.126.com），经济学博士，副研究员，中国社会科学院世界经济与政治研究所国际投资研究室主任，中国社会科学院国际金融研究中心副主任。研究领域为国际金融与中国宏观经济。近年来感兴趣的研究问题包括国际金融危机、外汇储备投资、跨境资本流动、人民币汇率与人民币国际化等。入选中组部首批青年拔尖人才支持计划。曾任 Asset Managers Group 私募股权基金经理与 KPMG 审计师，曾在哈佛大学肯尼迪政府学院与香港金融管理局做访问学者。出版学术著作八部，完成省部级课题二十余项，在国内外学术期刊上发表论文数十篇，在国内外财经媒体上发表财经评论数百篇。

刘东民（sunshine_ ldm@126. com），1995 年毕业于清华大学自动化系，获得工学学士学位，2000 年毕业于清华大学技术经济与能源系统分析研究所管理科学与工程专业，获得管理学硕士学位，2009 年毕业于中国社会科学院财贸经济研究所金融学专业，获得经济学博士学位。现为中国社会科学院世界经济与政治研究所副研究员，国际金融室副主任。主要研究领域为金融市场和金融监管。曾在清华同方股份有限公司、清华紫光股份有限公司、北京尚勤科技有限公司工作，先后从事金融、电力和水利行业的信息化工作以及外国政府贷款和碳交易项目。

肖立晟（xiaols@ cass. org. cn），经济学博士，中国社会科学院世界经济与政治研究所国际金融研究室助理研究员。主要研究领域为人民币汇率、人民币国际化和公共债务管理。在《经济研究》、《世界经济》、《金融研究》等核心期刊发表多篇论文，主持和完成省部级课题十多项，在《人民日报》、《经济日报》等媒体发表财经评论数十篇。

陈思翀（csc_ win@ 163. com），2010 年 3 月获日本一桥大学商学（金融方向）博士学位，同年 4 月起任日本一桥大学商学研究科讲师，2011 年 6 月起任中南财经政法大学金融学院副教授。主要研究领域为金融机构与市场、实证资产定价、国际金融以及日本金融体系。已在 *Journal of the Japanese and International Economies*、*International Review of Economics and Finance*、*Pacific Economic Review* 等国际 SSCI 期刊，以及国内《经济研究》、《国际经济评论》、《世界经济文汇》、《国际政治科学》等学术期刊发表论文十余篇。

李远芳（yflicass@ 163. com），经济学博士，毕业

于北京大学中国经济研究中心。主要研究领域为人民币汇率、国际收支与国际宏观经济政策。现为中国社会科学院世界经济与政治研究所国际金融室助理研究员，财政部国际司国际财经问题顾问，阿里巴巴集团阿里研究中心顾问，同时兼任国内数家学术期刊的匿名审稿人。研究论文公开发表于《金融研究》、《国际政治研究》、*China Economic Journal* 等学术期刊或收入相关论著，出版译著一部。财经评论发表于《财经》、FT中文网、《东方早报》、《南方都市报》等媒体。

高蓓（gaobeibaby@163.com），经济学博士，中国社会科学院世界经济与政治研究所国际金融室博士后。主要研究领域为国际金融与中国宏观经济。曾任大公国际国家风险评级分析师，对多个国家进行跟踪评级。参与完成多项省部级课题，在《国际经济评论》、《国际金融研究》、《世界经济文汇》、《经济科学》等学术期刊发表论文10篇，在《人民日报》、《经济日报》、《上海证券时报》等媒体发表财经评论数篇。

邹晓梅（zouxm8948@163.com），中国社会科学院研究生院世界经济与政治系博士研究生。主要研究领域为国际金融、金融市场与宏观经济政策。参与完成省部级课题数项，并在《上海金融》、《中国图书评论》、《金融发展评论》和《中国证券报》等期刊报纸发表论文数篇。

作　者

2013 年 12 月

# 中国影子银行体系研究报告(摘要)

中国影子银行体系调研课题组

中国影子银行业的兴起，是中国长期以来金融压抑的结果。其发展有积极的作用，也带来了风险。本部分从总论、人民币理财产品、信托、银证合作、城投债以及调研报告这几个方面概述研究报告的主要内容和结论。

# 一 总论

与发达国家影子银行相比，中国影子银行的发展尚处于初级阶段。发达国家影子银行具有以下五个特征：由非银行金融机构主导；以证券化活动为核心；具有较高的杠杆率；主要依赖批发手段融资；影子银行产品购买者以机构投资者为主体。而当前中国影子银行体系的特征为：由商业银行主导；影子银行产品一般不涉及证券化，仅有少数银信合作产品具有证券化特征；杠杆率较低；主要依赖零售渠道融资；影子银行产品购买者以零售客户为主体。不过，中外影子银行也具有以下共同点：均具备期限转换与流动性转换功能；均流离于常规监管体系之外；均不享受存款保险公司保护与央行贴现窗口支持。

中国影子银行体系自 2010 年起迅速扩张，目前已具备相当规模。如果采用最窄口径，即认为中国影子银行体系只包括银行理财业务与信托公司，则截止到

2012 年底，中国影子银行规模达到 16.5 万亿元（基于官方数据）或 22.4 万亿元（基于市场数据）。前者占到 GDP 的 33% 与银行业总资产的 12%，后者占到 GDP 的 44% 与银行业总资产的 17%。

中国影子银行体系兴起主要来自融资方、投资方以及投融资中介三方面的旺盛需求。从影子银行融资方来看，源自宏观调控方向转变背景下重点调控行业（房地产与地方投融资平台）与中小企业的旺盛融资需求；从影子银行产品投资方来看，源自金融抑制环境下居民部门的旺盛投资需求；从投融资中介来看，源自商业银行通过金融创新来规避贷存比、资本充足率与贷款限额等监管指标的行为。

中国影子银行体系的产生与发展有其合理性。这一合理性主要体现在：第一，这是中国商业银行在金融抑制环境下自发实施的金融创新，既扩展了传统金融服务的边界，又缓解了金融抑制的程度，有助于提高储蓄投资转化能力与资源配置效率；第二，为各种类型企业提供了必要的流动性缓冲，在一定程度上缓解了宏观调控不确定性对企业生产经营造成的不利冲击。

中国影子银行体系的发展面临一系列潜在风险。主要风险包括：一是期限错配（资产期限结构长、负债期限结构短）面临的流动性风险，而流行的资金池—资产池理财业务进一步放大了这种风险；二是信用违约风险，即作为影子银行基础资产的各种债权的实际回报率难以覆盖影子银行产品承诺的回报率；三是造成人民币存款以及 M2 数据的频繁扰动，对央行将 M2 作为货币政策中间目标的做法提出了挑战；四是由于投资者并未充分认识到影子银行产品中包含的潜在风险，造成理财产品的定价未必能充分反映相应风险。

# 二　理财产品

近年来银行理财产品发展迅速。其主要原因有三：一是国内信贷需求旺盛；二是中国居民财富增长迅速但投资渠道匮乏；三是对利率市场化的预期促进银行增加中间业务比重。

目前看，理财产品风险总体可控，但存在一定程度的流动性风险和信用违约风险。一方面，理财产品的负债主要为通过滚动发行短期理财产品而获得的资金，而资产多为中长期贷款。一旦不能继续滚动发行理财产品，则会触发流动性风险。另一方面，银行将大部分债券类理财产品投放到中低评级的城投债中，潜在的违约风险不容忽视。

理财产品发展的间接效果是加速了存款利率市场化进程。理财产品的基础资产中有很大一部分是债券、同业拆借等利率敏感性资产，这些资产都已实现利率市场化，且多以上海银行间同业拆借利率定价。这意味着理财产品定价将随市场利率的波动而变动。

资金池—资产池模式并非中国影子银行独有，但中国的资金池—资产池模式与国外相比存在两点差异。一是在人民币表外理财产品的构造中缺乏诸如特殊目的机构之类的风险隔离机制，导致一旦基础资产出现问题，风险会很快蔓延至商业银行资产负债表表内；二是人民币理财产品的基础资产没有被重复抵押与多重销售，总体杠杆率较低。

监管环境的变化将改变理财产品的投资组合结构。在当前日趋严格的监管环境下，理财产品大量配置于货币资金市场和债券市场。尽管流动性风险处于可控范围内，但营利性并不理想。预计未来商业银行会采取更多金融创新手段来规避金融监管，以将更多资金投放于高收益信贷类资产。

# 三 信托

中国信托业发展迅猛，目前已形成较大规模。信托业的发展，一方面是由于商业银行面对严格的监管和其信贷扩张冲动之间形成矛盾，这对信托业的发展提出了客观要求；另一方面，商业银行表内外以及银行和非银行之间的价格存在双轨制，为信托利用双轨红利进行套利提供了动机和可能性。

单一资金信托一直是中国信托业的主要资金来源。中国信托业在很大程度上可以看作是一种以商业银行、地方投融资平台、私募基金等金融机构为主导，并通过银信合作、政信合作、私募基金合作等信托业务形式实现的一种金融中介方式，是传统银行信贷业务的一种延伸。从资金运用的角度来看，投向政府主导的基础产业、房地产与工商企业的信托资金已形成三足鼎立之势。

当前中国信托业出现问题并导致整个金融体系爆发系统性危机的概率很小，但不仅无法排除爆发流动性风险和大面积违约事件的可能，而且未来的可持续发展也面临着巨大挑战。特别是，银信合作是影子银行的重要形式，信托业风险会直接导致影子银行出现问题。信托业风险源自以下几个方面：一是中国信托产品以贷款信托等债务类信托产品为主，具有期限较短、收益率较高、产品信息不透明、风险分担不明确等特征；二是经济周期对信托产品违约风险和流动性风险产生影响；三是资产价格波动对信托资产价值或抵押价值产生影响；四是随着金融改革深化，特别是利率市场化改革将对信托业双轨制红利带来的冲击；五是监管部门加强和完善宏观审慎监管，将对信托业合规运营形成压力。

# 四　银证合作

银证合作作为中国影子银行的重要组成部分，虽然起步较晚，但发展迅速。银证合作通道业务发展既有制度因素，也有市场需求。其兴起从本质上讲是金融机构进行监管套利的结果；同时也是银行和证券公司应对市场竞争的结果。

银证合作通道业务作为规避监管的一种金融创新行为，在特定时期实现了银行对实体经济的资金支持，客观上倒逼金融改革步伐的加快，助推中国利率市场化、银行资产管理业务和资产证券化进程。

然而，与其他影子银行可能面临的风险类似，银证合作通道业务面临着期限错配造成的信用违约风险和流动性风险，以及对央行货币政策冲击的风险，但同时银证合作也存在特殊风险，包括购买未贴现票据可能带来的风险，票据买卖面临未真实交易的法律风险以及对风险分担权责的法律监管真空。而且由于券商介入，这使得影子银行系统风险链条又增加了一环。

从中国金融业改革全局出发，银证合作与其他中国式影子银行一样，是未来真正意义的资产证券化进程中的一种过渡形式。为了化解这一过渡期的风险，我们建议，在短期，监管机构应对银证合作通道业务在总体增加监管力度的同时，侧重其标准化和透明度管理，防范流动性和信用风险；同时在银行经营模式中鼓励发展银行资产管理业务，优化银行理财模式；在中长期，中国应探索金融监管制度性改革，比如重新思考分业监管模式，减少市场分割。

从长期战略看，真正意义的资产证券化是未来中国银证合作的主要形态。随着利率市场化改革的不断深入，特别是银行资产管理业务的开通，现有的银证合作通道业务的市场份额必将萎缩。通道业务萎缩并不意味着银证合作终结。在银证各种合作形态中，资产证券化将为银行与证券市场之间的中间业务和融资业务带来巨大的发展空间。

# 五　城投债

城投债本身并非中国影子银行体系的组成部分，但城投债是银行理财产品与信托产品的重要基础资产。城投债风险在一定程度上会决定影子银行产品风险。

中国城投债募集资金基本用于基础设施和公用事业建设，社会效益相当显著。城镇化进程对基础设施融资的需求很大，在中国政府大力推动城镇化的背景下，未来中国城投债市场还有较大的增长空间。

目前中国城投债市场尚不存在系统性风险。城投债属于准地方政府债，其信用就是地方政府信用。与美国市政债相比，中国城投债无论是绝对规模还是相对规模都较小。中期内中国 GDP 增速和地方政府财政收入增速依然有望处于全球较高水平，因此大多数地方政府都具有偿还城投债的财政实力。

零违约纪录和收益率错配是城投债的主要潜在风险。美国市政债从 1986 年到 2011 年共有 2 366 例违约，年均违约 91 例。而中国城投债从 1992 开始发行至今，就连 1 例违约都没有出现。表面的安全实际上降低了城投债市场的风险管理水平，容易催生道德风险。大多数城投债所投资项目的直接经济效益不高，仅靠项目本身难以还本付息，需要政府补贴才能确保还本付息。某些西部地区未来有可能出现地方财政难以支付城投债本息的情况，从而发生局部风险。

# 六 调研报告

在前期研究的基础上，本课题组于 2013 年 7 月中旬赴西部某省对当地的影子银行体系进行了较为全面的实地调研，以期更准确地把握中国影子银行发展的现状和面临的问题。我们的调研对象包括西部某省金融办、某省属商业银行、某省属国际投资信托公司以及两个省属投融资平台。

经过各方调研，我们发现，宏观经济政策与监管政策的反复调整是影子银行业务快速发展的基本动因。

影子银行业务对地方政府保增长、保信用提供了重要支持，但是收益率错配风险是影子银行业务中隐藏的最大风险，如果处埋不当，将影响中国经济增长和金融市场的发展。我们认为，保持宏观经济政策和监管政策的连续性，并实行地区差异化政策，是改善影子银行监管、防范金融风险的重要保障；推动民营资本进入金融业，打破金融垄断，是促进影子银行良性发展、推进金融改革的关键所在。

# 七　政策建议

第一，监管当局应该从服务实体经济发展、促进非传统银行业务健康发展的角度来积极规范和引导影子银行体系的发展，同时通过加强监管与提高透明度等方式来防范影子银行体系的潜在风险。

第二，监管当局应强化对游离于常规监管体系之外的影子银行体系的监管，例如加强对影子银行产品的信息披露要求以提高透明度，减少误导性的虚假信息，确保投资者对影子银行资金的具体投向、性质与风险有充分了解；将银行表外信贷项目显性化；对资金池—资产池中不同风险不同类型的产品进行分账管理与分类管理等。

第三，监管当局应该厘清影子银行体系参与各方的权责关系，明确风险暴露后的损失分担机制，打破刚性兑付的格局，允许影子银行产品出现违约。

第四，在风险可控的原则下，大力发展信贷以及企业债券等资产的二级市场，鼓励资产证券化等金融创新，以提高影子银行基础资产的流动性，进而缓解影子银行产品的期限错配。

第五，针对可能出现的大面积信用违约事件，监管当局应当以危机管理的方式适当介入，但是应该避免形成长期干预机制。具体而言，监管当局应当事先收集信息、做好预案，保证违约事件的有序发生，以及违约清算快速、有效、公正地进行。

第六，监管当局应该加快金融改革的步伐以降低影子银行体系存在的激励，例如加快利率市场化改革、改变分业监管格局以应对金融机构综合经营的新趋势、将数量型调控方式转变为价格型调控方式等。

第七，监管当局应在防控风险的同时，引导信托公司探索和发展符合时代特征的信托新产品；引导信托公司摆脱目前的影子银行的角色，大力发展专业化、差别化和多样化的信托资产管理服务；在信托计划由于其私募性质只能进行有限信息披露的时候，确保信托目标客户回归机构投资者和富裕阶层，而非普通公众。

第八，鉴于城投债是中国影子银行产品的重要基础资产，因此降低城投债风险有助于降低影子银行产品的相关风险。具体建议包括：要求城投债发行主体所在省份的投资者持有一定比例的城投债，以防止严重的信息不对称；允许城投债出现违约；逐渐用地方政府债券来取代城投债。

# 中国式影子银行：界定、成因、风险与对策

张　明

摘要：采用最狭义的定义，中国式影子银行主要由银行理财业务及信托公司构成，截止到 2012 年底的规模约为 16.5 万亿元或 22.4 万亿元人民币（取决于是官方数据还是市场数据）。中国式影子银行体系兴起的原因，从投融资中介角度来看是源自商业银行的监管套利，从融资方来看主要是宏观调控

方向转变背景下重点调控行业与中小民营企业的融资需求，从投资方来看是源自居民部门在金融抑制环境下旺盛的投资需求。中国式影子银行是金融抑制环境下的自发性金融创新行为，有助于克服制度缺陷、提高资源配置效率。它虽然缓解了宏观调控对企业层面的不利冲击，但同时也降低了央行的货币政策效力。中国式影子银行存在的潜在风险包括：由期限错配造成的流动性风险（又以资金池理财业务尤甚）、信用违约风险、对央行货币政策中间目标造成的挑战等。为应对中国式影子银行的潜在风险，中国政府应该积极规范与引导影子银行体系发展、加强对影子银行体系的监管与信息披露要求、厘清各方权责关系以打破"刚性兑付"格局、加快金融改革步伐以降低监管套利的空间。

**关键词**：影子银行　流动性风险　信用违约风险　资金池—资产池

最近几年来,影子银行的兴起成为中国金融市场上最重要的现象之一。作为金融抑制环境下的一种金融创新,影子银行的出现降低了银行间接融资占社会融资总额的比重。通过倒逼机制推进了利率市场化,在一定程度上缓解了宏观调控对企业层面的负面冲击,但也损害了央行货币政策的效力。与此同时,从2012年起,中国影子银行体系的违约事件开始此起彼伏(例如山东海龙、江西赛维、上海华夏银行、中信信托、三峡全通产品等),"刚性兑付"的局面可能很快被打破。针对影子银行体系的收益与风险,以及如何加强对影子银行体系的监管,成为中国学术界与政策制定者的热门话题。

本报告试图比较全面、系统地讨论中国的影子银行问题,结构安排如下:第一部分在参考国际社会对影子银行定义的基础上,对中国影子银行体系进行界定,在此基础上对影子银行体系的规模进行估算,并比较中外影子银行体系的异同;第二部分从供给与需求层面来分析中国影子银行体系自2010年以来蓬勃发展的原因,并总结其产生的合理性;第三部分梳理中国影子银行体系的潜在风险，包括流动性风险、信用违约风险以及对央行货币政策构成的挑战；第四部分给出如何应对影子银行风险的政策建议。

# 一　中国式影子银行的界定

## 1. 国外对影子银行概念的界定

影子银行（Shadow Banking）的始作俑者是美国著名债券投资机构太平洋投资管理公司的执行董事麦卡利（McCulley），他在 2007 年杰克逊·霍尔召开的堪萨斯城联储经济研讨会上首次提出这一概念，将其定义为"一整套被杠杆化的非银行投资管道、载体与结构"。此外他特别指出，与通过享受存款保险的存款进行融资的、受到美联储贴现窗口支持的传统商业银行不同，影子银行主要通过未经保险的商业票据进行融资，因此影子银行应对挤兑的能力特别脆弱。一旦商业票据到期，而投资者又拒绝继续购买商业票据，那么影子银行就会面临流动性危机（McCulley，2007）。

美联储纽约分行的经济学家鲍兹（Pozsar）等将影子银行定义为"通过诸如资产支持商业票据（Asset-Backed Commercial Paper，ABCP）、资产支持证券（Asset-Backed Securities，ABS）、抵押债务凭证（Collateralized Debt Obligations，CDO）与回购协议（Repurchase Agreements，Repos）等证券化和担保融资技巧进行融资媒介的机构"（Pozsar et al.，2010）。

金融稳定委员会（Financial Stability Board，FSB）对影子银行体系的定义为常规银行体系之外的主体与活动提供信用媒介（Credit Intermediation）的体系。更进一步地，金融监管委员会将值得监管当局关注的影子银行体系定义为，由于流动性/期限转换、杠杆率与错误的信用风险转移等引发了系统性风险关注的、或者引发了监管套利关注的，为常规银行体系之外的主体与活动提供信用媒介的体系。上述影子银行定义建立在两个相互交错的支柱之上。支柱之一是，位于常规银行体系之外的主体从事如下活动：接受与存款特征相似的融资、实施流动性和（或）期限转换、造成信用风险转移、使用直接的或间接的杠杆。支柱之二是，上述非银行主体的重要融资来源包括证券化、证券借贷与回购交易（FSB，2011）。

欧盟委员会关于影子银行的绿皮书则界定了与影子银行有关的主体与活动。相关主体包括：一是实施流动性转换或期限转换的特别目的实体，诸如 ABCP 管道（Conduit）之类的证券化载体、特别投资载体（Special Investment Vehicles，SIV）与其他特别目的载体（Special Purpose Vehicles，SPV）；二是货币市场基金（Money Market Funds，MMF）以及其他类型的有着与存款相似特征的投资基金或产品；三是包括交易所交易基金（Exchange Traded Funds，ETFs）在内的提供信贷或杠杆化的投资基金；四是提供信贷或信贷担保的财务公司或证券实体；五是发行信用产品或为信用产品提供担保的保险与再保险机构。相关活动则包括证券化、证券借贷与回购（European Commission，2012）。欧洲中央银行的副总裁康斯坦西奥（Constâncio）则强调了影子银行的规避监管特征。他认为，影子银行的兴起在很大程度上可归因于流行的

"发起—分销"（Originate-to-Distribute）式的银行模式，这一模式使得银行能够把资产负债表上的资产由接受监管的表内转移至不受监管的表外，从而能够规避相应的监管要求（Constâncio，2012）。

## 2. 中国式影子银行的概念界定与规模估计

中国监管机构迄今为止并未就影子银行给出一个被广泛引用的正式定义。中国人民银行调查统计司的一份内部研究报告的定义是，中国的影子银行体系包括商业银行表外理财、证券公司集合理财、基金公司专户理财、证券投资基金、投连险中的投资账户、产业投资基金、创业投资基金、私募股权基金、企业年金、住房公积金、小额贷款公司、非银行系融资租赁公司、专业保理公司、金融控股公司、典当行、担保公司、票据公司、具有储值和预付机制的第三方支付公司、有组织的民间借贷等融资性机构（张宇哲，2012）。不难看出，上述定义的口径相当宽泛。黄益平等（2012）认为中国的影子银行主要包括向公众销售理财产品的信托融资与由金融机构作中介的委托融资。

汪涛与胡志鹏（2012）给出了三种口径的影子银行定义：一是统计在央行社会融资规模之中的未贴现票据、信托和委托贷款余额；二是口径一加上社会融资规模中未包括的信托资产和民间借贷；三是口径二加上非银行持有的企业债。截止到 2012 年第 3 季度末，上述三种口径的中国影子银行规模分别为 13.7、20.9 与 24.4 万亿元。沈维（2012）认为中国的影子银行主要构成包括银行理财产品、委托贷款、未贴现的承兑汇票、银信合作、银证合作、同业代付、与金交所合作、信贷资产证券化、网络借贷等。海通证券认为中国影子银行主要包括信托资产、委托贷款、信托贷款、银行承兑汇票、企业债券融资与民间融资，2012 年底规模合计约为 28.8 万亿元（中国金融 40 人论坛 a，2013）。上述各种对影子银行的定义，既包括特定金融产品（例如银行理财产品）又包括特定金融机构（例如信托公司），既包括资产方（例如信托资产）又包括负债方（例如企业债券融资），这可能会造成不同程度的重叠，进而导致影子银行规模被高估。

巴曙松（2012）从金融机构业务的角度对中国影子银行的定义进行了重新梳理，认为主要包括由窄到宽四种口径：最窄口径只包括银行理财业务和信托公司两类；较窄口径包括最窄口径、财务公司、汽车金融公司、金融租赁公司、消费金融公司等非银行金融机构；较宽口径包括较窄口径、银行同业业务、委托贷款等出表业务、融资担保公司、小额贷款公司与典当行等非银行金融机构；最宽口径包括较宽口径与民间借贷（巴曙松，2012）。

本报告对中国式影子银行的定义采用上述最窄口径，即只包括银行理财业务、信托公司和银证合作。主要原因包括：第一，银行理财业务与信托公司是目前市场上讨论得最多最深入的两种影子银行形式。第二，银行理财业务与信托公司是过去几年来中国金融市场上增长最快、规模最大的两种投融资形式。第三，这两类金融形式也是中国式影子银行中最具代表性的。前者是银行信贷资产在资产负债表内部以及表内表外之间的转移，而后者是将银行信贷资产由银行资产负债表转移至信托公司资产负债表之上。第四，银证合作尽管是一个新生事物，仅从 2011 年左右才开始起步，但近年来发展迅猛。

如表 1 所示，2006 年底，银行理财业务资产规模不到 5 000 亿元；截止到 2013 年 6 月底，该规模已经上升至 9.1 万亿元。而根据国际评级机构惠誉的估算，2010 年中国银行理财产品规模约为 4 万亿元，2011 年底上升至 8.5 万亿元，到 2012 年底可能超过 13 万亿元（REUTERS，2012）。2010 年底中国信托业管理资产规模为 3.04 万亿元，2013 年 6 月底该规模已经飙升至 9.46 万亿元。2011 年底中国银证合作通道业务的规模为 2 000 亿元，2012 年底飙升至 1.9 万亿元。

如果加总银监会公布的银行理财产品资产管理规模数据、信托业资产规模数据与银证合作规模数据，则 2012 年底中国狭义影子银行的资产规模约为 16.5 万亿元，占到 2012 年中国 GDP 的 33%，以及 2012 年底中国银行业总资产的 12%。如果加总惠誉公布的银行理财产品资产管理规模数据与信托业资产规模数据，则 2012 年底中国狭义影子银行的资产规模约为 22.4 万亿元，占到 2012 年中国 GDP 的 44%，以及 2012 年底中国银行业总资产的 17%。

**表1.1**        **中国影子银行体系的规模**

单位：10 亿元人民币

| 年份 <br> 项目 | 2006 | 2007 | 2008 | 2009 | 2010 | 2011 | 2012 | 2013H1 |
|---|---|---|---|---|---|---|---|---|
| 银行理财产品管理资产规模 | 467 | 1 327 | 960 | 1 015 | 2 500 | 5 000 | 7 100 | 9 080 |
| 银行理财产品资产规模同比增速 | n. a. | 184% | −28% | 6% | 146% | 100% | 42% | n. a. |
| 信托业管理资产规模 | n. a. | n. a. | n. a. | n. a. | 3 040 | 4 811 | 7 471 | 9 455 |
| 信托业管理资产规模同比增速 | n. a. | n. a. | n. a. | n. a. | n. a. | 58% | 55% | 71% |
| 银证合作管理资产规模 | n. a. | n. a. | n. a. | n. a. | n. a. | 200 | 1 890 | n. a. |
| 银证合作管理资产规模同比增速 | n. a. | n. a. | n. a. | n. a. | n. a. | n. a | 845% | n. a. |
| 合计 | n. a. | n. a. | n. a. | n. a. | 5 540 | 1 0011 | 1 6641 | 18 535 |
| 占 GDP 的比率 | n. a. | n. a. | n. a. | n. a. | 13% | 22% | 33% | n. a. |

资料来源：Wind，银监会，中国信托业协会。

## 3. 中国式影子银行与国外影子银行的异同

从上述对国外影子银行体系的界定中可以看出，国外影子银行一般具有五个特征：第一，由非银行金融机构主导；第二，以证券化活动为核心；第三，具有较高的杠杆率；第四，主要依靠批发手段融资（例如通过发行 ABCP）；第五，购买影子银行产品的投资者以机构投资者为主体。然而，从上述对中国影子银行体系的界定中不难发现，第一，中国影子银行体系从本质上而言仍是由商业银行主导的；第二，尽管银信合作具有一定程度的资产证券化特征，但总体而言中国式影子银行几乎不涉及更为复杂的证券化产品，相关产品主要仍为债务工具或初级的资产证券化产品（Ma 等，2013）；第三，中国式影子银行普遍杠杆率较低；第四，中国式影子银行主要通过零售渠道（向居民与企业销售产品）进行融资；第五，购买中国式影子银行产品的投资者以零售客户为主体。

不过，中外影子银行也具备以下共同点：其一，两者均具备期限转换与流动性转换的功能，即都能将缺乏流动性的长期资产与具有较强流动性的短期负债相匹配；其二，两者均游离于常规意义上的监管体系之外，与商业银行相比享受更少的监管，从而具有强烈的监管套利（Regulatory Arbitrage）动机；其三，两者均不享有存款保险公司的保护以及中央银行贴现窗口的支持，由于最后贷款人机制缺失，因此容易遭受挤兑而爆发流动性危机，在一定情形下甚至可能引发系统性风险；其四，从产品的具体构造与风险含义上而言，特定的中外影子银行产品之间也具有一定的相似性。例如，钱塞勒（Chancellor）和莫里（Monnelly）（2013）就认为，中国的房地产信托产品类似于美国的住房抵押贷款支持证券（Mortgage-Backed Securities，MBS），因为两者都具有信贷质量较低以及对房地产敞口较高的特征；中国的银行理财产品兼具美国结构化投资工具（Structured Investment Vehicles，SIV）与CDO的特征，因为"资金池"均在其中扮演重要角色（来自不同类型产品销售的资金被汇入一个总资金池，该资金池随后进行不同种类、不同风险程度的投资）；

中国的贷款担保提供者则类似于美国信用违约互换
（Credit Default Swap，CDS）的发行方，因为两者都是
靠为融资方提供信用保险而获利。

# 二 中国式影子银行兴起的原因：
# 基于三方的分析

尽管中国式影子银行的产生可以追溯至更早的时
间，但其兴起主要发生在 2010 年至今。本报告将从商
业银行体系（投融资中介）、影子银行融资方、影子
银行产品投资方等三个方面来剖析中国式影子银行兴
起的原因。

## 1. 商业银行体系

从投融资中介方面来看，中国式影子银行兴起可
主要归因于中国商业银行通过金融创新来规避监管的
结果。

2008 年，中国经济遭遇美国次贷危机的外部冲击，为提振经济增长，中国政府除了实施 4 万亿人民币的财政刺激方案外，还暂时取消了对商业银行的信贷额度控制，并敦促后者增加贷款规模。这一举措的直接后果是 2009 年的人民币信贷飙升。如图 1.1 所示，2009 年中国人民币贷款增量达到 9.6 万亿元，同比增长 131%，无论是增量的绝对值还是增长率，都创下了历史新高。然而，尽管信贷飙升显著地刺激了经济增长，但同时也造成通胀率上行与资产价格上涨。因此，一方面，从 2010 年起，央行与银监会开始恢复对商业银行的贷款额度控制。另一方面，在房地产价格飙升与地方融资平台债务高企的背景下，央行与银监会开始更严格地控制商业银行对房地产开发商与地方融资平台的新增贷款。此外，在经过了 2009 年的信贷飙升后，商业银行自身也开始面临贷存比与资本充足率的约束。结果造成人民币贷款增量在 2010 年与 2011 年分别下降至 8.0 万亿元与 6.9 万亿元，尽管 2012 年重新回升至 8.2 万亿元，但仍显著低于 2009 年的水平。

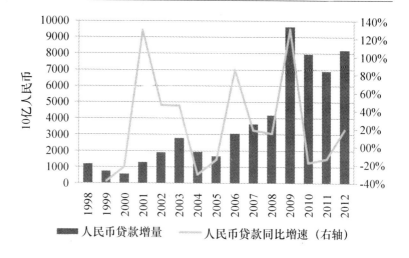

**图1.1　中国年度人民币贷款增量**

资料来源：CEIC以及作者的计算。

从2010年起，对中国商业银行而言，至少有两种动机来规避监管：第一，为了保持自身利润的增长，一旦来自实体经济的贷款需求上升，商业银行有很强烈的动机去增加贷款规模，但这意味着商业银行需要突破贷存比、资本充足率与贷款额度的限制；① 第二，

① 为追求银行业绩的快速增长，各商业银行日益强化其业绩考核力度，这为银行分支机构以及基层员工提供了很强的激励去开发与影子银行相关的创新业务（中国金融40人论坛，2013b）。

为了防止不良贷款率显著上升，商业银行需要继续对房地产开发商与地方融资平台提供贷款，以避免后者资金链断裂，这意味着商业银行需要突破央行与银监会对房地产贷款与地方融资平台贷款的限制。

银行理财产品与银信合作这两种影子银行形式，恰好为商业银行规避上述监管措施提供了新的工具。

首先，在经历了 2009 年的贷款飙升后，商业银行日益面临 75% 的贷存比约束。为了继续扩大贷款规模，商业银行需要大力吸收存款。然而，存款基准利率的上限受到严格管制，导致商业银行难以通过提高存款利率的方式来揽储。正是由于银行理财产品的收益率没有受到限制，导致商业银行转而通过发行较高收益率的理财产品来吸收存款，进而缓解贷存比造成的流动性约束，增强自身继续发放贷款的能力。① 如

---

① 在揽储方面，商业银行之间激烈的存款竞争进一步推高了理财产品的收益率。从中长期视角来看，银行通过发行成本越来越高的理财成品去支撑回报率可能越来越低的银行贷款，这种行为似乎缺乏合理性。对此可能存在两种解释：一是商业银行的视角与行为缺乏前瞻性，可能没有充分考虑宏观经济结构性变动与宏观调控转向可能对中长期贷款信用风险造成的负面冲击；二是商业银行在揽储方面可能存在羊群行为。

图 1.2 所示，自 2009 年至今，银行理财产品平均收益率在绝大多数时间内都显著高于存款利率与国债收益率。

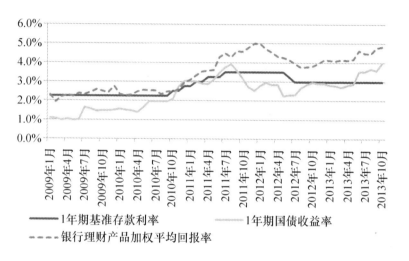

**图 1.2　存款利率、国债收益率与银行理财产品收益率的对比**

资料来源：CEIC。

其次，在经历了 2009 年的贷款飙升后，商业银行也日益面临资本充足率的约束。商业银行有两种主要手段来提高资本充足率，一是增加资本金规模，二是降低风险资产比重。一方面，2010 年以来，中国股市与次级债市场迎来了银行增发股票与债券来补充资本金的浪潮。例如，商业银行的首次公开募股与配股的规模，大约占到 2010 年与 2011 年中国股市新融资规模的一半。另一方面，上述两种影子银行形式也能够帮助商业银行降低风险资产比重。通过发行非保本型理财产品，并用理财产品资金池对外提供贷款，商业银行事实上完成了部分贷款从资产负债表内向表外的转移。通过银信合作，由信托公司发行信托产品筹资，再用相应资金购买银行的特定债权，商业银行事实上完成了部分贷款从自身资产负债表向信托公司资产负债表的转移。这两种贷款"出表"的过程都能够显著提升商业银行的资本充足率。

第三，与此同时，无论是发行非保本型理财产品还是通过银信合作，商业银行"出表"的贷款都不再受银监会与央行信贷额度的控制，也不再受到监管机构对房地产开发商与地方融资平台的贷款限制，这意味着商业银行通过此项操作，重新具备了向房地产开发商与地方融资平台提供新增贷款的能力，进而避免自身不良贷款率的显著恶化。

## 2. 影子银行融资方

从影子银行融资方来看，中国式影子银行兴起可主要归因于房地产开发商、地方融资平台与中小企业自 2010 年以来持续保持着旺盛的融资需求（沈建光，2013）。[①] 2010 年以来，中国政府宏观调控的方向转变，在一定程度上造成了实体经济相对短缺的局面。尤其重要的是，由于重点调控的存在以及金融体系的缺陷，造成流动性在实体经济内部的分配严重失衡。受到重点调控的行业（房地产、地方融资平台）以及中小民营企业的资金缺口更为严重，这极大地催生了影子银行的发展（中国金融 40 人论坛，2013b）。

---

　① 根据中国信托业协会提供的数据，在 2012 年 9 月底，工商企业（以中小企业居多）、基础产业（包括基础设施与部分矿产资源项目）与房地产是中国信托资金的三个最主要投资领域，三者合计占到中国信托资金运用额的 60%。

受 2009 年信贷飙升影响，中国房地产价格在 2009 年下半年至 2010 年上半期期间再度快速上涨，导致中国政府从 2010 年年初开始对房地产行业实施以限购令为特征的新一轮宏观调控。房地产行业年度贷款增量在 2009 年与 2010 年达到 2.05 万亿元与 2.09 万亿元的高峰后，在 2011 年与 2012 年仅为 1.32 万亿元与 1.37 万亿元。银行贷款的收紧使得房地产开发商面临巨大的融资压力，后者对外部融资的旺盛需求是导致中国式影子银行在 2010 年至今快速发展的重要动力之一。

在 2009 年信贷飙升催生的投资浪潮中，由地方融资平台主导的基础设施投资扮演了尤其重要的角色。然而，一部分地方融资平台存在资本金出资不实、财务杠杆过高、资金管理混乱的问题，还有一部分地方融资平台存在投资项目使用率（收益率）过低的问题。因此从 2010 年起，银监会与央行开始大力清理整顿商业银行对地方融资平台的贷款，导致地方融资平台的常规融资来源趋紧。然而，地方融资平台的投资项目大多为中长期建设型项目，一旦不能获得新增融资，这些建设项目就很可能沦为烂尾工程。因此，从

2010 年起，地方融资平台普遍存在的融资需求也为中国式影子银行的兴起提供了动力。地方融资平台参与影子银行融资的主要渠道有二：一是由银行理财资金与信托资金购买地方融资平台发行的城投债；二是由基础设施建设信托（基建信托）为地方融资平台提供新增融资。

与国有企业相比，中国民营中小企业在以银行融资为主体的中国金融体系中一直处于边缘地位。其一，中小企业不能提供足够多的优质抵押品、自身信用历史较短，商业银行对其贷款的风险较高；其二，中小企业申请银行贷款的规模较小，从业务的成本收益角度考量，商业银行更偏向于向大企业提供更大规模的贷款；其三，从目前商业银行信贷经理的贷款责任制来看，针对民营企业贷款违约的惩罚远高于针对国有企业贷款违约的惩罚。由于不能获得足够的较低成本的银行融资，中小企业不得不通过民间借贷市场进行融资，导致其融资成本居高不下，加剧了企业经营的风险。因此，中小企业对于能够提供相对合理贷款利率的中国式影子银行有着巨大的融资需求。

## 3. 影子银行产品投资方

从影子银行产品投资方——主要是中国居民，也包括企业与金融机构等——来看，影子银行体系的产生与发展，提供了除银行存款、股票、房地产、外汇之外的新的投资工具。影子银行产品的收益率显著高于银行基准存款利率，这事实上是一种市场内生的利率市场化行为，突破了针对银行基准存款利率上限管制的金融抑制。这有助于中国居民进一步实施资产多元化。从各类影子银行产品的热销来看，中国居民部门对这类产品有着旺盛的投资需求。

与股票、房地产、外汇等风险资产相比，诸如银行理财产品与信托产品等影子银行产品通常具有各种类型的担保，因此风险相对可控。与银行存款相比，影子银行产品的收益率则要高得多。换言之，中国的影子银行产品作为一种初级的资产证券化产品，事实上将中国的货币市场、信贷市场与债券市场有机结合了起来，这不仅推动了金融市场的发展，而且为居民部门提供了更为多样化的投资选择。

## 4. 中国式影子银行产生的合理性

从上述基于供给与需求层面对中国式影子银行兴起原因的分析中，可以发现，中国式影子银行的产生与成长具有以下合理性：

第一，中国式影子银行的产生实质上是中国商业银行在金融抑制环境下自发实施的一种金融创新行为，这扩展了传统金融服务的边界，在一定程度上缓解了金融抑制的不利影响，有助于提高金融体系的储蓄投资转化能力与资源配置效率。首先，影子银行产品的收益率显著高于银行基准存款利率，这为投资者提供了新的投资选择，[①] 以市场倒逼方式推动了中国的利率

---

① 不过需要指出的是，由于银行理财产品的信息披露不太透明，导致很多投资者认为银行理财产品背后也有政府的隐含担保。近几年来银行理财产品与信托产品的"刚性兑付"则进一步强化了投资者的上述预期。

市场化进程。① 不同期限的银行理财产品在银行表外形成了市场化程度更高的收益率曲线（巴曙松，2013）。影子银行的出现事实上使中国信贷市场的价格出现了双轨制，而未来的利率并轨将推动利率市场化改革的深化（曹远征等，2012）。其次，影子银行的发展突破了不同类型的金融市场之间由于分业监管形成的市场分割与扭曲，不但提高了市场的整体流动性与深度，而且推动了中国金融市场的整合与扩张（中国金融40人论坛，2013b）。例如，银行理财产品事实上就是将中国的货币市场、信贷市场与债券市场连接在一起。② 再次，中国式影子银行的产生弥补了中国现有金融体系与政策框架下金融服务的一些缺陷，例如中小企业融资难与居民存款利率偏低等（郭凯，2013）。最后，影子银行体系实现了资金供求双方的直接对接，在一

---

① 然而，从长期来看，通过倒逼方式而非主动方式来推动利率市场化，究竟是好是坏，还不能轻易下定论。

② 当然，如下所述，银行理财产品也将货币市场、信贷市场与债券市场的风险混杂到一起，使得风险管理与金融监管变得更加复杂。

定程度上改善了中国金融市场的融资结构、提高了直接融资比重。

第二，在中国政府宏观调控方向频繁变化、微观主体无法准确预期的前提下，中国式影子银行为各种类型的企业提供了必要的流动性缓冲，在一定程度下缓解了宏观调控对企业层面造成的负面冲击（中国金融 40 人论坛，2013b）。如图 1.3 所示，自 2009 年以来，中国社会融资总额增量与人民币贷款增量之间的差距越拉越大，以至于人民币贷款增量占社会融资总额增量的比重由 2002 年的 94% 下降至 2012 年的 54%。从绝对规模上来看，尽管 2010 年与 2012 年的人民币贷款增量低于 2009 年，但这两年的社会融资总额却高于 2009 年。这一方面意味着影子银行对社会融资的重要性不断上升，另一方面也意味着央行紧缩性货币政策的效力不断下降。对需要融资的行业与企业而言，这自然是一件好事。然而对政府宏观调控而言，这却是一大挑战。

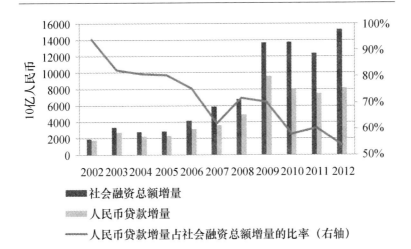

**图1.3　人民币贷款增量与社会融资总额增量的比较**

资料来源：CEIC 以及作者的计算。

　　然而，需要指出的是，上述中国影子银行体系产生的合理性，其实仅仅是一种次优选择。如果中国政府能够克服既得利益集团阻力、加快利率市场化改革，加快直接融资体系等金融市场建设，一旦投资者与融资者通过正规金融渠道能够获得多样化的投融资服务，那么影子银行体系产生与兴起的必要性就会下降。

# 三　中国式影子银行的潜在风险

## 1. 期限错配造成的流动性风险

中国式影子银行体系面临的一大风险是资产方与负债方的期限错配。从负债方来看，由于商业银行之间存款竞争激烈、监管机构对贷存比进行季度考核等因素，导致影子银行产品呈现出短期化趋势。如表1.2所示，期限在1至3个月的银行理财产品占所有期限理财产品的比重，已经由2006年的15.7%提高至2012年的60.2%；此外，2012年97%的银行理财产品期限均在1年以内。从资产方来看，为了获得更高的收益率，影子银行资金的投向越来越偏向于中长期项目。例如，2012年影子银行体系是城投债的最重要投资者之一，而城投债的期限平均为5至8年。上述期限错配意味着，要保证资产方的稳定以获得较高收益率，影子银行必须依靠短期理财产品的滚动发行

（发新还旧）来应对由期限错配导致的周期性流动性压力。一旦老的理财产品到期，而新的理财产品不能足额发行，那么影子银行体系不得不通过紧急出售中长期项目债权来为理财产品还本付息，而在紧急出售中长期项目债权的过程中，影子银行体系无疑将会遭遇较大损失。

表1.2　　　　中国银行理财产品的期限结构　　　单位：%

| 期限结构 ＼ 年份 | 2006 | 2007 | 2008 | 2009 | 2010 | 2011 | 2012 |
|---|---|---|---|---|---|---|---|
| 1 个月以内 | 2.6 | 1.7 | 13.7 | 24.0 | 31.0 | 36.6 | 5.0 |
| 1 至 3 个月 | 15.7 | 19.8 | 27.4 | 26.8 | 30.0 | 30.2 | 60.2 |
| 3 至 6 个月 | 35.4 | 23.2 | 26.1 | 22.5 | 18.1 | 18.9 | 21.9 |
| 6 至 12 个月 | 29.8 | 27.5 | 22.0 | 21.0 | 17.8 | 11.9 | 10.0 |
| 12 至 24 个月 | 14.3 | 18.8 | 5.5 | 3.3 | 2.0 | 1.5 | 1.0 |
| 24 个月以上 | 1.9 | 5.6 | 2.4 | 1.9 | 0.6 | 0.4 | 0.3 |
| 其他 | 0.3 | 3.3 | 2.8 | 0.6 | 0.5 | 0.6 | 1.7 |
| 合计 | 100 | 100 | 100 | 100 | 100 | 100 | 100 |

资料来源：WIND。

目前流行的"资金池"理财业务进一步放大了影子银行体系的期限错配。如图1.4所示，所谓"资金池"理财，是指商业银行将来自多个不同理财产品销售所得的资金汇入一个总的资产池，之后将该资产池的资金投资于不同类型、不同期限、不同风险的金融资产，例如信托产品、债券、证卷投资基金、货币市场工具等。资金池理财业务在很大程度上与国外的结构性投资载体（SIV）相似，两者都属于商业银行管理的表外实体。资金池依赖发行理财产品募集资金，结构性投资载体则依赖于发行资产支持商业票据（AB-CP）募集资金。资金池或结构性投资载体募集的资金均被用于投资较高风险、较长期限的金融产品。无论是资金池还是结构性投资载体，在市场繁荣时期均能给商业银行带来不菲的利润，但都面临着期限错配的风险。一旦市场上风吹草动损害了理财业务投资者或结构性投资载体、结构性产品购买者的信心，从而不能做到发新还旧，那么为了避免违约，商业银行就被迫出售资金池或结构性投资载体购买的长期资产，从而遭受损失。新的损失会进一步削弱理财业务投资者或结构性投资载体、结构性产品购买者的信心，从而进一步迫使商业银行出售资产，这无疑是一个恶性循环。

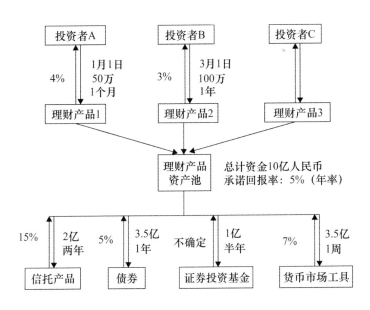

**图1.4 资金池理财产品的构造**

资料来源：Chancellor 和 Monnelly（2013），作者进行了一定修改。

具体而言，这种集中运作模式使得资金池业务变成了一个"黑匣子"，以至于相关信息披露严重不足。购买商业银行理财产品的投资者不清楚自己投入的资金究竟被用于购买了何种具体资产，以及需要承担何种风险，换句话说，具体理财产品与特定基础资产之间的一对一匹配关系被打破。在这种情况下，一旦资金池所投资的部分高风险资产出现亏损，就可能导致理财产品投资者对整个资产池的安全性失去信心，甚至可能引发集中赎回的风险。有鉴于此，中国银行董事长肖钢指出，资金池理财产品要用发新偿旧来满足到期兑付，从本质上而言是一种"庞氏骗局"（Xiao，2012）。

陶（Tao）等（2013）认为，随着中国通货膨胀压力的上升，中国央行将不得不步入新的加息周期。基准利率的上调将会降低影子银行体系的吸引力，这将影响影子银行体系借新还旧的能力，从而会加剧影子银行体系面临的流动性压力，甚至导致出现系统性违约。

## 2. 信用违约风险

中国式影子银行发行相关产品的收益率普遍较高，而一旦所投资项目出现经营问题，不能提供如此之高的回报率，那么影子银行产品就可能出现信用违约。目前中国影子银行资金运用最集中的三个领域，即工商企业、基础产业与房地产，都面临着不同程度的问题。

产能过剩是中国工商企业面临的普遍问题。在过去10年间，高投资率使得中国很多制造行业形成了庞大的产能。过去，中国企业可以通过出口消化部分产能。然而在全球金融危机之后，全球范围内真实需求萎缩，导致中国企业难以继续依赖出口来消化产能，从而导致产能过剩的现象日益突出。在当前的中国，除了诸如钢铁、水泥、电解铝等传统行业面临产能过剩问题外，就连光伏、风电等新兴行业也同样面临产能过剩。产能过剩必然会导致企业利润率下降，在严重的情况下会导致企业不能按期还本付息，进而导致相关影子银行产品违约。

除制造业面临产能过剩外，中国的基础设施行业同样可能面临"产能过剩"的困扰，这表现为建成的基础设施使用率不足，以至于相关收入不能覆盖贷款本息。2008年以后，在中国政府4万亿财政刺激方案与天量人民币信贷的背景下，中国出现了一轮基础设施投资浪潮。至少在部分地区，基础设施建设的步伐过于超前，以至于项目建成后多年内可能使用率不高，这意味着进行基础设施投资的企业（特别是各地的地方融资平台）可能难以按时还本付息，那么相关影子银行产品也可能因此违约。

中国政府的房地产宏观调控仍在持续。预计2013年全年房地产宏观调控措施不会显著放松。这意味着2013年中国房地产行业可能出现较大的洗牌。一大批的中小开发商可能会由于资金链断裂而倒闭破产，或者不得不通过出售土地或楼盘来获得流动性，这为那些手里积累了大量现金的大型开发商提供了收购兼并的机会。中国房地产行业重新洗牌、提高行业集中度的过程，也将是一些以中小开放商为融资对象的影子银行产品出现此起彼伏式违约的过程。

综上所述，随着中国经济潜在增长率的放缓，中国的制造业将面临去产能化的挑战，中国的部分基础设施将面临利用率不足的窘境，中国房地产市场可能重新整合，上述趋势都会造成中国式影子银行的投资收益率下降，以至于要匹配负债方的高收益率越来越困难，未来中国影子银行业将面临信用违约的严峻挑战（张明，2013）。而一旦此起彼伏的违约削弱了投资者信心，未来新募集资金规模可能显著下降，这又会通过加剧期限错配而引发进一步的负面影响。

## 3. 对央行货币政策构成的挑战

中国式影子银行的发展，也对中国央行传统上将M2作为货币政策中间目标的做法形成了挑战。如图1.5所示，在2011年之前，中国人民币存款月度增量很少出现过负增长。但从2011年起，尤其是2011年下半年起，人民币存款月度增量出现了非常有规律的变动：在每个季度的第1个月至第3个月，人民币增量总是由低至高，而第1个月的人民币存款通常是负增长（Logan，2013）。造成这一新趋势的原因，恰好是银行理财产品的兴起。由于银监会与央行在每个季度末都对商业银行的贷存比指标进行考核，因此商业银行有在每个季度末维持较高人民币存款的冲动。[①] 为规避监管，商业银行倾向于在每个季度期初发行期限在 3 个月以内的理财产品，这就会形成人民币存款增量在每个季度第 1 个月大幅下降（存款由于购买理财产品而转出），而在第 3 个月大幅上升（由于理财产品到期而转为存款）的局面。

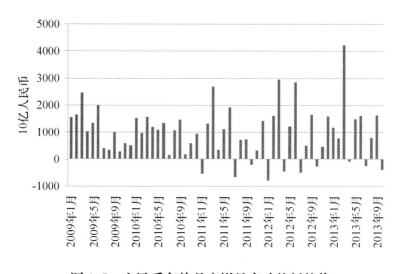

**图 1.5   人民币存款月度增量变动的新趋势**

资料来源：CEIC，以及作者的计算。

---

① 巴曙松（2013）也指出，在存款竞争激烈、流动性监管严格的环境下，一些银行事实上在利用理财产品提供表外融资，通过发行短期理财产品完成月末、季末存贷比等监管指标"冲时点"的任务，使之成为调节监管指标的监管套利工具。

由于 M2 等于现金加上所有银行存款，因此银行存款增量的变动也会导致 M2 增量的变动。事实上，从 2012 年第一季度起，中国 M2 月度增量也出现了每个季度从低到高的趋势，且从 2012 年第二季度起，每个季度第 1 个月的 M2 增量也呈现出负增长。换言之，中国影子银行兴起造成的对 M2 的扰动，影响了 M2 作为中国央行货币政策中间工具的有效性。一方面，不同理财业务对 M2 的影响可能不同。位于银行资产负债表表内的理财业务变动会直接影响 M2 增量；虽然位于表外的理财业务与信托业务不会直接影响 M2 存量，但会影响 M2 的流通速度（李波等，2011）。另一方面，即使中国央行试图用社会融资总额来克服 M2 统计意义下降带来的问题，但社会融资总量也没有完全统计影子银行体系的一些重要业务。即使中国央行用社会融资总额取代 M2 作为货币政策中间目标，影子银行体系对货币政策带来的困扰也将持续存在（彭文生等，2012）。此外必须指出的是，M2 与社会融资总额等在很大程度上是内生变量，与其将上述内生变量作为货币政策中间目标，不如加快利率市场化改革，建立以银行间拆借利率为中心的货币金融调控体系（余永定，2011）。

# 四　如何应对中国式影子银行的风险

首先，对中国式影子银行发展形成的风险宜疏不宜堵，不能因为存在风险就限制甚至扼杀影子银行的发展。如前所述，影子银行的产生与发展是在当前金融抑制环境下金融机构的一种主动创新，既是利率市场化的有机成分，也是金融服务边界的扩展。鉴于影子银行具有重要的积极意义，因此政府应该从服务实体经济发展、促进非传统银行业务健康发展的角度来积极规范和引导相关金融创新，同时通过加强监管与提高透明度等方式来防范影子银行体系的潜在风险。

其次，加强对中国式影子银行体系的监管。强化对长期以来游离于常规监管体系之外的影子银行的监管，是本轮全球金融危机爆发之后的大势所趋。中国政府应该加强对银行表外业务和非银行金融机构的审慎监管，将银行的表外信贷项目显性化，以避免过度的期限错配与收益率错配。针对资金池理财产品，应该对其中不同风险、不同类型的产品组合进行"分账经营、分类管理"，从而增强资金来源与投向之间的一对一匹配关系。此外，中国政府也应该加强对影子银行体系的信息披露要求，做到对资金投向与投资收益的定期披露，避免由于影子银行产品不透明而产生的风险隐患。

再次，针对未来一段时间中国影子银行体系可能暴露出来的风险，中国政府应该厘清影子银行体系参与方的权责关系，明确金融机构应承担的法律责任边界，打破所谓的"刚性兑付"的格局，允许影子银行产品（特别是非保本型银行理财产品与信托产品）出现违约。一方面，违约现象的出现有助于提高信用评级的真实性，从而促进对影子银行产品更准确的定价；另一方面，这有助于打破投资者心目中可能存在的中央或地方政府对影子银行产品提供的隐性担保，从而增强对影子银行产品的风险意识。

最后，中国政府应该加快金融改革的步伐，以降低影子银行体系存在的激励。第一，中国政府应加快推进利率市场化改革，特别是增强人民币基准存贷款利率的弹性。第二，中国政府应该努力改变市场分割的格局，通过推动市场整合来提高整体流动性与深度。例如，目前中国的三分天下的企业债市场应该被整合为一个统一的企业债市场。第三，中国政府应该通过加快金融大部制建设来改变目前的分业监管格局、完善监管体系。这一方面有助于解决由分业监管造成的市场割裂与监管标准不同的问题，降低监管真空与制度套利的空间；另一方面能够避免由于多种监管政策叠加给银行造成过高的合规成本，使得银行不得不求助于影子银行业务。第四，中国的货币金融调控方式应该由僵硬的、一刀切式的数量调控方式，逐渐转变为更为灵活与市场化的价格调控方式。

**参考文献：**

1. Chancellor, Edward and Monnelly, Mike. *Feeding the Dragon：Why China's Credit System Looks Vulnerable*，GMO White

Paper, January 2013.

2. Constâncio, Vítor. *Shadow Banking-The ECB Perspective*, speech made in the European Commission Conference Towards Better Regulation of the Shadow Banking System, Brussels, 27 April 2012.

3. European Commission. *Shadow Banking*, Green Paper, March 2012.

4. FSB. *Shadow Banking: Scoping the Issues*, A Background Note of the Financial Stability Board, 12 April 2011.

5. Logan, Wright. *Changes in Chinese Banking System: Funding Channels and Risksfrom Wealth Management Products*, Medley Global Advisors, January 2013.

6. Ma, Ning; Cheng, Bowei and Wu, Jessica. *Casting a Light on Shadow Banking: Near-Term Growth; Long-Term Cap on Bank Valuations*, Goldman Sachs Equity Research, February 26, 2013.

7. McCulley, Paul. *Teton Reflections*, Global Central Bank Focus, PIMCO, September 2007.

8. Pozsar, Zoltan; Adrian, Tobias; Ashcraft, Adam and Boesky, Hayley. *Shadow Banking*, Federal Reserve Bank of New

York Staff Report，No. 458，July 2010.

9. REUTERS. *TEXT-Fitch*：*WMP Issuance by Chinese Banks Heats Up*；*Risks Rising*，5 December 2012.

10. Tao，Dong and Deng，Weishen. *China*：*Shadow Banking-Road to Heightened Risks*，Credit Suisse Economics Research，22 February 2013.

11. Xiao，Gang. *Regulating Shadow Banking*，China Daily，12 October 2012.

12. 巴曙松：《从改善金融结构、促进经济转型角度评估影子银行》，工作论文，2012 年。

13. 巴曙松：《理解银行理财产品发展的内在动力机制，在强化风险监管的前提下引导市场健康发展》，工作论文，2013 年。

14. 曹远征、徐奕晗：《利率市场化进行时》，《财经》2012 年 5 月。

15. 郭凯：《影子银行和中国的影子银行：特征、问题与建议》，《CF40 周报》2013 年 1 月第 185 期。

16. 黄益平、常健、杨灵修：《中国的影子银行会成为另一个次债?》，《国际经济评论》2012 年第 2 期。

17. 李波、伍戈：《影子银行的信用创造功能及其对货币政策的挑战》，《金融研究》2011 年第 12 期。

18. 彭文生、林暾、赵扬：《影子银行风险暴露》，《中金公司宏观经济周报》2012 年 12 月第 220 期。

19. 沈建光：《影子银行：金融改革成果还是庞氏骗局？》，《CF40 周报》2013 年 1 月第 185 期。

20. 沈维：《创新与商业银行价值的新演绎——兼论中国式"影子银行"》，光大证券银行业研究，2012 年 12 月 19 日。

21. 汪涛、胡志鹏：《影子银行的风险》，UBS 全球经济研究报告，2012 年 10 月 16 日。

22. 余永定：《社会融资总量与货币政策的中间目标》，《国际金融研究》2011 年第 9 期。

23. 张明：《从三峡全通事件看影子银行风险》，中国社会科学院世经政所国际金融研究中心，财经评论 No. 2013006，2013 年 2 月 3 日。

24. 张宇哲：《争议影子银行》，财新《新世纪》2012 年 10 月第 41 期。

25. 中国金融 40 人论坛 a：《影子银行的风险评估与监管对策》，《CF40 周报》2013 年 1 月第 185 期。

26. 中国金融 40 人论坛 b：《正视影子银行的发展》，《要报》2013 年 1 月第 34 号。

# 人民币理财产品：概况、运作、风险与监管

肖立晟

**摘要：**人民币理财产品的发展，是银行在利率市场化背景下自发性的市场化行为，满足了居民的财富管理和企业的资金需求，并间接加速了存款利率市场化进程。当前理财产品风险总体可控，但存在一定程度的流动性风险和信用违约风险。一方面，在理财产品业务链中，银行的负债主要为通过滚动

发行短期理财产品获得资金，而资产多为中长期贷款。一旦不能继续滚动发展理财产品，则会触发流动性风险。另一方面，理财产品银行将大部分债券类理财产品投放到中低评级的"城投债"资产中，潜在的违约风险不容忽视。未来需要进一步合理完善金融监管制度，强化信息披露、明确各相关方的法律关系，引导银行理财产品市场创新发展。

**关键词：**理财产品　银信合作　期限错配　影子银行　金融监管

# 一　人民币理财产品概况

2004 年以来银行理财产品发展迅速。其主要原因，一是国内信贷需求旺盛；二是中国居民财富增长迅速但投资渠道匮乏；三是对利率市场化的预期促进银行增加中间业务比重。监管环境的变化是理财产品投资组合结构变化的主要原因。在当前日趋严格的监管环境下，理财产品大量配置于货币资金市场和债券市场。尽管流动性风险处于可控范围内，但营利性并不理想。预计未来商业银行会采取更多金融创新手段来规避金融监管，以将更多资金投放于高收益信贷类资产。

## 1. 理财产品总量规模

中国银行业理财产品的发展始于 2004 年，至今已有九年历史。其中，2004 年至 2007 年是理财产品的初创阶段，主要以外资银行发行的结构性外币理财产品为主，年发行量不到 1 万亿人民币；2008 年至 2010 年，银行经营模式转向重点拓展零售银行业务，为此后理财业务的蓬勃发展奠定了基础。

2011 年，中国人民银行实施宏观调控政策，存款准备金率持续提高，达到 21.5% 的历史高点，银行间七天同业拆借利率突破 9%，银行间市场银根大幅紧缩，受存贷比约束，人民币理财产品成为银行负债吸纳资金的重要渠道之一，银行理财产品业务获得了井喷式发展。2013 年前三季度共有 117 家银行发行 36146 款理财产品，较 2012 年同期上涨 28%，发行规模达到 39.8 万亿元人民币，较 2012 年同期增长 64.54%，发行数量和发行规模已经达到了历史新高。截至 2013 年 6 月末，中国银行业理财产品余额为 9.08 万亿元。

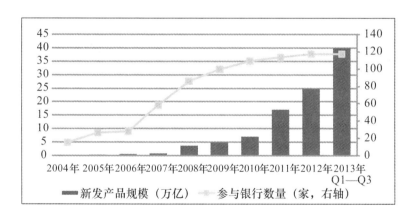

**图 2.1　理财产品历年发行数量**

数据来源：Wind 普益财富，2013 年 Q1—Q3 代表 2013 年前三季度。

## 2. 理财产品收益率

从图 2.2 可以看出，理财产品的收益率在 2009 年中旬以前，收益率的波动较高，这是由于产品相对单一，总量较低，因此各项产品收益率的标准差较大。2010 年之后，人民币理财产品的收益率，比银行一年期存量利率高出约 1.5 个百分点。同期，人民币理财产品发行非保本型比率逐渐上升，占理财产品总量的60% 以上。由于保本型的理财产品属于银行的自营业务，需要全部进入银行资产负债表。银行出售理财产品所得资金视同存款，计入银行负债方。非保本型的理财产品属于银行的中间业务，投资风险由客户自行承担，银行收取手续费，这类理财产品类似于储蓄存款，却不计入资产负债表，也不在存款准备金政策管理范围之内。因此，非保本型的理财产品比例迅速上升，反映银行希望将理财产品脱离银行资产负债表，利用非保本型的理财产品的表外属性达到规避信贷规模、存贷比等考核指标。

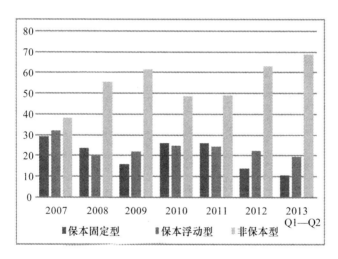

**图2.2　一年期理财产品收益率水平与收益率类型**

数据来源：Wind，竖轴单位均是%。2013Q1—Q2代表2013年第一、二季度，下同。

## 3. 理财产品期限结构

短期化是银行理财市场发展的主要特征。数据显示，在 2008 年，一个月以下的超短期理财产品的发行量仅占银行理财市场 13.7% 的比例，2009 年则上升至 24%，2010 年继续上升为 31%。到了 2011 年末，这一比例已经高达 36.6%；银行理财产品市场的短期化，反映出商业银行由于资金吃紧，在贷存比的限制下，变相地通过发售银行理财产品来"揽储"的尴尬处境。事实上，短期理财产品本是为了向有短期资金头寸的个人和机构提供保值增值的理财渠道，同时增强银行在理财产品发行期限和流动性安排方面的多样性和丰富性。而商业银行却依靠该类产品变相揽储，规避存贷比监管。

值得注意的是，2012 年和 2013 年银行理财产品的短期期限结构出现显著变化。在 2011 年，银行可以将超短期产品作为月末、季末"冲时点揽储"的有力工具，该年发行的短期产品中，62% 的期限都在一个月以下;在遭到监管层出手禁止此类操作后,2012 年,1—3 个月期产品"替换"了一个月以下期限产品的发行,期限在 30—60 天的产品数量显著增多,这说明银行普遍选择了"压线操作",即通过延长产品期限来规避监管。虽然 2012 年超过八成的产品期限在半年以内,理财产品仍以中短期产品为主,不同的是,仅约 4.91% 产品的期限在一个月以下,1—3 个月期产品占比则高达 60.18%。这种期限结构的变化一方面是因为 2012 年监管部门明令禁止银行发行超短期理财产品,另一方面也是由于利率市场化压缩了银行息差收入,商业银行以传统的存贷业务为主要利润来源的盈利模式将难以为继,而不得不向倚重中间业务转变,增加非利息收入,银行理财产品将开始从高息揽储工具向中间业务转变。

表 2.1　　　银行人民币理财产品历年期限结构　　单位:%

| 期限结构 | 2006 | 2007 | 2008 | 2009 | 2010 | 2011 | 2012 | 2013Q1—Q2 |
|---|---|---|---|---|---|---|---|---|
| 1 个月以内 | 2.6 | 1.7 | 13.7 | 24 | 31 | 36.6 | 4.91 | 4.01 |

| 期限结构 | 2006 | 2007 | 2008 | 2009 | 2010 | 2011 | 2012 | 2013Q1—Q2 |
|---|---|---|---|---|---|---|---|---|
| 1—3 个月 | 15.7 | 19.8 | 27.4 | 26.8 | 30 | 30.2 | 60.18 | 61.15 |
| 3—6 个月 | 35.4 | 23.2 | 26.1 | 22.5 | 18.1 | 18.9 | 21.87 | 20.75 |
| 6—12 个月 | 29.8 | 27.5 | 22 | 21 | 17.8 | 11.9 | 10.01 | 11.13 |
| 12—24 个月 | 14.3 | 18.8 | 5.5 | 3.3 | 2 | 1.5 | 0.98 | 1.08 |
| 24 个月以上 | 1.9 | 5.6 | 2.4 | 1.9 | 0.6 | 0.4 | 0.31 | 0.18 |
| 未公布 | 0.3 | 3.3 | 2.8 | 0.6 | 0.5 | 0.6 | 1.74 | 1.69 |
| 合计 | 100 | 100 | 100 | 100 | 100 | 100 | 100 | 100 |

数据来源：Wind。

## 4. 理财产品基础资产投向

从投资对象来看，银行理财产品主要是债券与货币市场类（利率类）、信贷资产类、组合投资类；除以上三类外，投向汇率类、股票类和商品类等资产较少，历年占比均低于2%。从表2.2可知，利率类理财产品近年来占据了人民币理财产品的半壁江山，且还有继续上升的趋势。而变化最大的是信贷类资产，从2008年接近50%的占比下降至2012年不足1%，与此相对应，组合类资产从 2008 年 1.09% 上升至 2012 年 33.21%。这反映了银行理财产品规避监管的创新动机。

表 2.2　　银行理财产品品投资方向发行量占比　　单位:%

| 类别 | 2005 | 2006 | 2007 | 2008 | 2009 | 2010 | 2011 | 2012 | 2013Q1—Q2 |
|------|------|------|------|------|------|------|------|------|------------|
| 利率类 | 0.878 | 0.6078 | 0.4274 | 0.404 | 0.3702 | 0.5527 | 0.5432 | 0.6281 | 0.5812 |
| 组合类 | 0.0032 | 0.0078 | 0.0306 | 0.0109 | 0.1563 | 0.3147 | 0.3764 | 0.3321 | 0.3631 |
| 信贷类 | 0.0032 | 0.2282 | 0.2021 | 0.4994 | 0.4283 | 0.1081 | 0.0569 | 0.0052 | 0.0238 |
| 汇率类 | 0.0819 | 0.0612 | 0.0111 | 0.0075 | 0.0092 | 0.0072 | 0.0112 | 0.0189 | 0.007 |
| 股票类 | 0.0128 | 0.0792 | 0.3063 | 0.0546 | 0.028 | 0.0137 | 0.0097 | 0.0105 | 0.0218 |
| 商品类 | 0.0209 | 0.0157 | 0.0225 | 0.0236 | 0.008 | 0.0035 | 0.0027 | 0.0052 | 0.0031 |
| 总额 | 1 | 1 | 1 | 1 | 1 | 1 | 1 | 1 | 1 |

数据来源：中国社科院《金融发展报告（2013）》，Wind。

债券与货币市场类理财产品，是商业银行将发行理财产品所募集到的理财资金，投资于债券市场以及货币市场投资工具的理财产品。这类产品收益率和风险较低，投资标的主要是货币市场同业存拆放交易、银行间市场国债、金融债、企业债、银行次级债、央行票据、短期融资券、中期票据、债券回购、银行存款等。在 2011 年以后，由于监管环境的变化，该产品成为理财产品主要投资对象。

信贷类产品，是以信贷资产或信托贷款为主要投资方向的产品。银行发行此类产品的目的是通过自身或与其他金融机构合作，将自身信贷资产转移出资产负债表，或者向企业变相发放新贷款。信贷类产品的发展充分体现了银行与监管层的反复博弈。最早的信贷类产品是由某一家银行募集资金投资于特定的信托计划，是"一对一"的理财模式。发行理财产品的目的是筹集表内存款以外的资金，规避存贷比的监管。随后为应对监管约束，开始由多家银行和一家信托公司共同开发信贷类理财产品：其中一家银行发行理财产品，并与信托公司合作设立信托产品，然后，向银行客户发放信托贷款或者投资于对方银行的信贷资产（具体流程见图 2.3）。由于信贷类资产投向难以监控，监管层自 2010 年开始要求各大银行逐步减少发行单一信贷类资产理财产品，因此，银行转而通过组合投资类产品投资收益较高的信贷资产，但占比依然受到严格控制。

下图是中国影子银行中，银信合作的一种资金投融资模式。最初是银行 A 向企业发放了一笔贷款，银行 B 希望可以通过理财产品购买这笔贷款资产，就向信托公司发起了一个信托计划。银行 B 和信托公司是资金信托关系，银行 B 是委托人，也是受益人，信托公司受托去购买了银行 A 的信贷资产，银行 A 和信托公司是资产买卖关系。最后银行 A 表内信贷余额下降，同时获得了现金，可以进一步发放贷款。

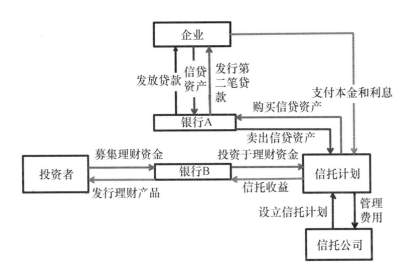

图2.3　银信合作示意图

通过这种安排，表面上看，是银行 B "购买"了银行 A 的信贷资产，但实际上是银行 B 在表外对企业变相地发行了一笔新增贷款，同时银行 A 也将信贷资产转移至表外，增加了表内的信贷额度，可以再次向企业发行第二笔贷款。这样可以缓解商业银行本应受到的存贷比的限制，为表内放贷腾出了空间。这是典型的"影子信贷"形式。

信贷类产品的出现和发展与我国经济的高速发展和信贷规模的不断扩张紧密相连：我国经济近十年以来保持在 8% 以上的年均增速使得社会发展资金量需求巨大，银行信贷规模逐年扩张，2006 年出现了首款信贷类理财产品。2006—2009 年，信贷类理财产品高速增长，四年期间发行数量从 89 款增至 3 345 款，占比从 7% 增长至 43%。尤其是在 2008 年、2009 年，为应对国际金融危机，我国采取经济刺激措施释放出大量货币，信贷资产规模急速增长，使得信贷类理财产品发行数量遥遥领先①，在银行理财产品市场中占据举

---

① 信贷资产是银行的表内资产，信贷类理财产品是由标的资产为信贷资产的银行理财产品，如果是非保本型的则属于表外业务。

足轻重的地位。然而，商业银行过多利用短期理财产品投向长期信贷资产，一方面，会加剧银行总体资产负债期限错配的程度，另一方面，作为受托人的信托公司不直接面对理财产品投资者，容易低估受托责任，放松资产管理。因此，2010 年 12 月，监管层开始重视单一信贷类理财产品，银监会先后关闭了通过银信合作等行为变相发放贷款的渠道，并要求商业银行在 2011 年底前将银信理财合作业务表外资产转入表内，并按照每季度至少 25％ 的比例予以压缩。除表外业务将被严控之外，票据融资业务也将全面整顿，尤其是违规挪用信贷资金发放委托贷款将成为整顿的重点。这导致单一的信贷资产理财产品大幅萎缩，2011 年该产品发行占比迅速降至 3％，银行开始转而通过组合投资的方式发行理财产品。

组合投资类产品，是指包含多种低风险基础资产的理财产品。投资标的包括：债券和货币市场工具、信贷资产、票据资产、信托资产、收益权、股票、股权、基金以及其他资产。2009 年以后，随着监管当局严格限制理财产品投资到单一的信贷资产，组合资产

开始快速发展，发行量从 2008 年 48 款上升到 2011 年
7 630 款。其中，2009 年，包含信贷资产和信托贷款在
内的组合投资类产品仅有 510 款，占到当时整个投资
类产品的比例为 35.81%，到 2011 年，包含信贷资产
和信托贷款在内的组合投资类产品达到 3 631 款，占整
个组合投资类产品的比例超过了一半。这些组合投资
产品的大规模涌现反映了银行规避监管当局的动机。

　　在一定程度上，组合投资类理财产品与 CDO
（Collateral Debt Obligation，担保债务凭证）比较接近。
商业银行将多个不同理财产品销售所得的资金汇入一
个总的资金池，这一资金池随后对不同种类资产提供
资金，并进行不同风险程度的投资。一些资金流入信
托和地方政府平台公司债券，一些则投资于风险稍小
的银行间同业资产（包含同业存放、同业拆借、同业
代付、质押式回购和票据买入返售等）。与担保债务凭
证一样，这其中会存在基础资产现金流断裂、期限错
配和流动性错配问题。但是它与国外担保债务凭证有
以下两点区别：其一，在组合投资类产品理财产品
（包括其他理财产品）中，理财产品的资金来源（储

户资金）和基础资产（信贷或其他资产）之间并没有对应的风险隔离机制，即缺乏特殊目的机构。一旦基础资产现金流断裂，流动性风险将会马上蔓延至商业银行资产负债表。其二，理财产品的基础资产并不存在像欧美影子银行那样被重复抵押、多重包装销售的高杠杆操作，债务链条较短，总体杠杆率较低。这反映我国理财产品尚在培育发展阶段，风险总体可控，但尚需进一步规范。

# 二　人民币理财产品运作模式

资金池—资产池模式并非中国影子银行独有，国内外影子银行均存在基础资产现金流断裂、期限错配和流动性错配等问题，但中国的资金池—资产池模式与国外相比存在两点差异。一是在人民币表外理财产品的构造中缺乏诸如特殊目的机构之类的风险隔离机制，导致一旦基础资产出现问题，风险会很快蔓延至商业银行资产负债表表内；二是人民币理财产品的基础资产没有被重复抵押与多重包装销售，总体杠杆率较低。

人民币理财产品运作模式主要包括和一对一模式和"资金池—资产池"模式。

一对一模式是最早的理财产品模式，主要应用于单一信贷类基础资产理财产品，各银行通过信托公司平台将募集到的资金用于向企业变相发放新贷款，或者用于将存量贷款转移出资产负债表。在一个典型的信贷类产品中，A银行将一个或多个贷款项目交由信托公司打包成为信托贷款计划，再由A银行或B银行根据该信托计划的资金需求发行理财产品，若由A银行自己购买，则属于将自身的存量贷款置换出资产负债表。若由B银行购买则可能属于变相向企业发行新贷款。

信托公司在此类产品的合作中实质上仅起到一个"平台"作用，其自身并不参与实际投资运行工作，一系列管理操作均由银行来完成。这种一对一模式可以将贷款项目腾挪出银行资产负债表，一方面通过开展理财产品业务获得中间业务收入以增加利润，另一方面将贷款表外化，从而规避资本监管要求，同时在自身体系内预留空间去吸纳更多高收益的信贷资产，充分满足客户特别是关系紧密的大型企业以及政府融资平台的新增融资需求。随着信贷类理财产品在 2010 年迅速降温，这类操作模式逐渐被新的"资金池—资产池"模式取代。

**表 2.3　　一对一模式和"资金池—资产池"**
**模式的对比分析**

| | 一对一模式 | 资金池—资产池模式 | 资金池的优势 | 资金池的风险 |
|---|---|---|---|---|
| 资金来源 | 一次性发行 | 滚动发售 | 保障理财资金的稳定性 | 流动性风险 |
| 资金投向 | 单一确定 | 包含货币债券和信托贷款 | 资产多元化，有利于分散风险 | 违约风险 |
| 资金运用 | 独立运作 | 集中管理 | 有利于资金调配，提高效率 | — |
| 期限 | 存在一定的期限错配 | 较严重的期限错配 | 通过借短贷长，获取高额利润 | 违约风险 |
| 定价 | 直接挂钩 | 无法形成固定的定价模式，主要参考市场资金面情况 | 灵活定价 | 风险收益错配 |

"资金池—资产池"运作模式是商业银行将同系列或者同类型不同时期发行的多元化理财产品，所募集资金统一到一个资产池中进行投资管理，该资产池投资于符合该系列或者该类型理财产品所规定的各种投资标的。其整体投资收益作为确定各款理财产品收益的依据，也就是说将该资产池内所有资产整体的预期的到期收益率为各款理财产品收益定价基础，这区别于传统上以单款理财产品投资期内实际运作收益决定理财产品价格的方式。金融危机后，资产池理财模式逐渐成为国内商业银行理财业务的主流运作模式。

"资金池—资产池"模式原本主要针对人民币债券与货币市场类理财产品，当银行业为了规避金融监管推出多项金融创新产品后，这种资产池模式逐渐延伸至组合投资产品，较债券与货币市场产品增加了信贷类投资、信托融资类投资、债券投资、一级市场的申购投资（包括但不限于首发新股、增发新股、可转债、分离交易可转债等）、货币市场工具投资（包括但不限于现金、银行存款、7 天以内的现金回购、国债、金融债、银行承兑汇票、大额可转让存单、央票、货币市场基金、债券逆回购等），等等。

表面上看，资金池—资产池是非常复杂的理财产品模式，但基于国际经验的视角，这类业务模型仍然是理财产品的初级阶段①。资金池—资产池业务仍然是面向低端个人投资者的理财计划（package products），即打包式理财产品，原理是通过滚动发行短期理财产品，投资多个长期理财产品，获得长短期轧差后的价差收入和手续费收入。这类理财业务的理论基础依然是，传统商业银行通过消除信息不对称获得期限风险溢价的盈利模式，缺乏核心竞争力。国外成熟的理财产品市场的发展方向是面向高端客户发展高级理财产品，例如指数挂钩的复杂结构性产品等，指数产品偏重长期投资，其理论基础是只要一国的经济持续增长，不论每年利率如何变化，指数总是在上升。因此，投资此类产品，银行与客户都不需担心利率风险。这也

---

① 周迎平：《我国商业银行理财产品的发展瓶颈与突破》，《经营管理者》2009 年第 1 期。

是一系列货币市场衍生品的创新基础和依据。未来我国理财产品的发展需要注重包含产品的知识产权，注重开发保证投资安全的结构性产品。

# 三　银行理财产品发展对宏观经济政策的影响

银行理财产品的发展对传统存贷款业务起到了替代作用，传统的宏观金融统计方法已经难以有效地将理财产品纳入到分析框架中。在这种情况下，银行理财产品对货币供应量和存款准备金规模，以及利率市场化进程都产生了深远影响①。具体而言：

其一，理财产品会对货币供应量的总量和结构产生较大影响。根据中国人民银行对货币供应量的定义，其中，M2 = 流通中的现金 + 活期存款 + 城乡居民储蓄

---

① 李波、伍戈：《影子银行的信用创造功能及其对货币政策的挑战》，《金融研究》2011 年第 12 期。

存款＋企业存款中具有定期性质的存款＋信托类存款＋其他存款。按照现行的统计口径，银行理财业务所设立的理财资金托管业务属于同业性质，该账户资金纳入"同业及其他金融机构存款"，不纳入 M1、M2 的统计范畴。因此，当银行发行理财产品时，资金会从居民"储蓄账户"转移至"同业及其他金融机构存款账户"，从而减少了 M2 的统计量。但是当银行将这笔理财资金向企业发放贷款时，会增加企业的"储蓄存款"，反过来又增加了 M2 的统计量。因此，银行发行理财产品对货币供应量的影响有两种情形：若银行发行理财产品后，以各种投融资模式对企业放贷，那么理财产品只是从居民储蓄存款转化为企业存款，改变了 M2 的结构（即减少了居民活期存款，降低了其中 M1 的比例），并不会对 M2 总量产生影响。但是，如果理财产品被银行作为季末充点，满足存贷比的揽储工具，那么银行发行理财产品会降低 M2 的统计量。总体而言，商业银行理财业务在较大程度上增加了货币供应量的波动性，削弱央行货币政策工具效用，在一定程度上增加了货币信贷监测和调控的难度。

其二，理财产品会改变银行存款准备金缴存规模。当前人民银行统计制度只要求将理财产品中的结构性存款（保本型理财产品）计入一般性存款统计，其他类理财资金不受存款准备金制度的约束。在这种情况下，一方面，银行可以通过发行短期理财产品灵活调整存款规模，降低存款准备金的需求。按照现有的监管要求，我国存款准备金是以旬末当天的存款余额为基础计提，因此，如果银行在旬末发行理财产品吸收存款，就可以降低存款余额，减少应上缴存款准备金。另一方面，如果季末理财产品到期释放存款，又会进一步增加银行缴存准备金的需求。在上述情况下，存款准备金数额与银行日常存款规模并不完全适应。这增大了商业银行的经营风险，同时也缩小了法定存款准备金缴存范围，削弱了中央银行上调存款准备金率对资金的冻结效果。

其三，理财产品的发展会加快利率市场化进程。从本质上来说，理财产品是利率市场化的产物。在监管当局稳步推进利率市场化改革的背景下，商业银行作为金融市场的微观主体，通过理财产品，有效地推动了投融资双方的利率市场化。从负债方而言，银行通过发行保本型理财产品，提供较高的收益率吸引活期存款。从资产方来看，银行的保本型理财产品主要投向债券类和同业拆放类资产。其中，资产负债的收益率一一对应，并且随市场收益率变动而调整。在这种情况下，存贷款利差必然随着银行理财产品规模的扩大而逐步缩小，这有利于金融机构降低对传统以利差为主导经营模式的依赖，逐步适应市场利率。银行理财产品通过连接债券市场、货币市场、票据市场，刻画出了市场化的短期收益率曲线，未来如何形成中长期的收益率曲线将是监管当局推进理财产品时值得探讨的问题。

## 四　人民币理财产品的潜在风险

目前看理财产品风险总体可控，但存在一定程度的流动性风险和信用违约风险。一方面，理财产品的负债主要为通过滚动发行短期理财产品获得的资金，而资产多为中长期贷款。一旦不能继续滚动发展理财产品，则会触发流动性风险；另一方面，银行将大部分债券类理财产品投放到中低评级的"城投债"资产中，潜在的违约风险不容忽视。

理财产品的主要风险是期限错配带来的流动性风险。根据理财产品的"资金池—资产池"模式，可以将资产和资金类别做一个简化，将资产池看作期限较长的付息债券组合（即中长期信贷资产），资金池看作期限较短的滚动零息债券（即滚动发行的短期理财产品）。则该模式下，定期的资金来源是资产池的利息部分和资金池新募资金，定期的资金支出则为资金池中到期产品的本息。因此，我们可以同时从资产方和资金方分析理财产品的流动性风险。

从资产池来看，收益型资产以中期信贷资产为主，整体收益率在8%—12%，贷款信托计划利率在9%左右，但是这些实体经济资产在监管压力增大下整体规模迅速收缩。这意味着未来资产池内高收益型资产的收益率和来源可能减少。目前收益率较高的资产主要是组合类产品，根据上文的分析，我们假定组合产品中50%投资于信贷资产，其他投资于债券类资产，那么2012年信贷产品占总发行量的16%，流动性资产以货币资金为主，约占31%，目前三个月上海银行间同业拆借利率在3.7%左右，七天回购利率在3%左右。介于收益型和流动型之间的资产包括债券和票据，占50%。目前银行间市场AA等级信用债收益率在6%左右，根据2012年理财产品期限结构表，我们可以估算出理财产品基础资产（即理财产品募集资金投向的资产）的平均收益率是5.62%左右。

从资金池来看，人民币理财产品中60%的到期期限在三个月以下，整体平均收益率基本维持在4.5%左右，比基础资产收益率低1.12个百分点，整体处于可持续状态。但是从中也可以发现，如果在资产池中，银行仅仅将资金配置到债券和货币资金市场（即将基础资产中的信贷资产占比从16%降至0，流动性资产从31%增至50%），基础资产收益率将会降至4.6%左右，将难以保证资金池理财产品的可偿付性。但是理财产品资金若过多地投放于信贷类资产，则会同时面临期限错配和信用风险。根据现有的数据分析，由于银行理财产品大量资产均配置于货币资金市场和债券市场，流动性基本处于可控范围之内，但是营利性并不能完全满足银行的经营要求。未来银行必然会采取更多的金融创新手段规避金融监管，将更多的资金投放于高收益的信贷类资产。

另一项值得关注的风险是信用违约风险。由于监管机构已经充分认识到银信合作的风险，银监会于2010年下发72号文，要求商业银行将表外信贷资产在2011年底前转入表内，并按照150%计提拨备，同时大型银行按照11.5%、中小银行按照10%的资本充足率要求计提资本。因此，信贷资产类的理财产品信用违约风险基本处于可控范围。需要引起注意的是还没有出现违约记录的"城投债"理财产品。为了在资产端获得高收益率，银行将大部分债券类理财产品投放到中低评级的"城投债"资产中，这部分资产虽然违约概率极低，但是不排除未来债券市场扩张过程中出现一定规模违约的可能性，潜在风险不能忽视。

尽管理财业务存在着一定的问题，需要监管层给予规范。但由于银行理财产品的基础资产中，有相当大比重是债券、同业等利率敏感资产，而这些资产都已经实现了利率市场化，且多以上海银行间同业拆借利率定价。这意味着银行理财产品的定价未来将随市场利率的波动而波动。目前银行理财产品对存款的替代作用不断加大，实质上就是一个变相的渐进式利率市场化过程。

# 五　政策建议

理财产品发展的间接效果是加速了存款利率市场化进程。理财产品的基础资产中有很大一部分是债券、同业拆借等利率敏感性资产，这些资产都已实现利率市场化，且多以上海银行间同业拆借利率定价。这意味着理财产品定价将随市场利率的波动而变动。未来需要进一步合理完善金融监管制度，强化信息披露、明确各相关方的法律关系，引导银行理财产品市场创新发展。

推动银行理财产品业务健康发展应在以下三个方

面着力。

其一，完善信息披露制度，提高理财产品透明度。从国外影子银行发展的历程来看，影子银行体系在降低金融交易成本，提高金融交易效率，加快资源配置方面能发挥重要作用，但是如果影子银行刻意隐藏信息和规避金融监管，将会给整个金融市场带来了巨大风险。因此，金融监管当局需要根据理财产品链条中，各类金融机构的不同特点，引入资本、流动性、报告及信息披露监管。

其二，明确理财产品的法律地位，发挥真正的财富管理功能。银行理财产品从诞生之初就没有明确的法律框架，究竟银行与客户在理财产品中是委托代理关系还是信托关系，还是简单的债权债务关系，一直未有定论。例如，当银行吸收非保本理财产品时，一般而言更类似于信托关系，客户将财富委托给银行管理，盈亏自负；但是由于没有明确的法律关系，银行经常要面对刚性兑付的难题。因此，未来首先需要明确理财产品的法律地位，才能真正使银行发挥财富管理功能。

其三，逐步推进资产证券化，在理财资金和基础资产之间建立防火墙。在当前人民币理财产品的"资金池—资产池"的模式下，一旦基础资产出现违约问题，整个资产池类理财产品资金链条断裂，将可能出现严重的兑付问题。在债务链条相对可控的前提下，可以逐步推进资产证券化的步伐，成立特殊目的机构市场主体，在理财产品和基础资产之间建立可靠的防火墙，同时防范表外业务风险向表内传导。

# 中国信托业的特征和风险

陈思翀

**摘要：**中国信托业近年来发展迅猛，已成为存款类金融机构之后最重要的非银行类资金融通渠道。这不仅是由于商业银行的严格监管和信贷扩张之间的矛盾对信托业的发展提出了客观要求。同时，商业银行表内外以及银行和非银行之间的价格双轨制，也为信托利用其双轨制红利进行套利活动、促进行业大发展创造了条件。一方面，信托资产的主要资金来源是单一资金信托，因此信托业在很大程度上可以看作是一种以商业银行等金融机构为主导，并通过银信合作等信托业务形式实现的一种金融中介方式，是传统银行信贷业务的一种延伸。另一方面，信托资金主要投向了政府主导的基础产业、房地产以及工商企业。中国的信托产品以贷款信托等债务类信托产品为主，并且具有期限较短、收益率较高、产品信息不甚透明、损失分担不够明确等特征。尽管当前中国信托业出现问题并导致整个金融体系爆发系统性危机的概率很小，但存在爆发流动性风险和大面积违约事件的可能。金融监管当局应当在防范和控制信托业风险的同时，引导信托公司摆脱目前主要扮演影子银行的角色，借鉴国外发展经验，大力发展专业化、差别化和多样化的信托资产管理服务，开发符合时代特征的信托新产品。

**关键词：**信托　发展特征　风险评估日本经验　金融监管

　　"影子银行"是美国次贷危机爆发前后所出现的一个新兴的金融概念，其核心在于通过将银行贷款进行证券化等方式，进行信用无限扩张的一种方式。由于此类金融中介活动具有传统银行的功能而没有传统银行的组织机构，所以被称作"影子银行"体系。影子银行体系的发展不仅伴随着潜在的巨大风险，给金融监管带来诸多挑战，同时也影响着整个金融体系的稳定以及宏观经济政策的顺利实施。但是，影子银行在不同国家具有不同的表现形式。例如在中国，可能表现为银行理财、证券公司集合理财、基金专户理财、信托公司、私募和公募基金、小额贷款公司、典当行、地下钱庄等非银行金融机构业务。虽然无论是中国人民银行还是银监会，迄今为止都还没有对中国影子银行体系给出一个明确定义。但是，即使是采用最窄口径，中国影子银行体系也包括信托业务。换句话说，信托业是中国影子银行的重要组成部分，处于影子银行体系的核心部分。因此，分析和研究我国信托业的现状特点，揭示其未来发展方向，对于化解中国影子银行体系面临的潜在风险具有重要意义。

本报告结构安排如下：第一部分介绍信托的定义
和类型，以及信托公司在我国的发展；第二部分分析
中国信托业在当前的发展特征及其背景原因；第三部
分结合具体的信托产品案例介绍信托业的运作模式；
第四部分回顾了信托业相关的监管动态；第五部分梳
理了信托业面临的潜在风险并进行风险评估。第六部
分从长效监管机制和危机管理两个方面有针对性地提
出了具体的政策建议。最后一个部分（附录）在和日
本信托业发展的历史经验进行对比的基础上总结了对
我国信托业发展的启示。

# 一 信托的定义与类型

## 1. 信托的定义

信托（英文为 Trust），是一种以资产为核心、信
任为基础、委托为方式的财产管理制度与法律行为。
同时，信托也是一种金融制度，与银行、证券、保险

等一起构成了现代金融体系的重要支柱，其核心内容是"受人之托，代人理财"。信托具有财产转移与管理，投融资，规避法律法规限制，避税，保护和风险隔离信托财产，对信托财产的形态、类型和属性进行转变等诸多功能。

根据《中华人民共和国信托法》第二条的规定，"信托，是指委托人基于对受托人的信任，将其财产权委托给受托人，由受托人按委托人的意愿以自己的名义，为受益人的利益或者特定目的，进行管理或者处分的行为。"信任和诚信是信托的前提。一方面，委托人必须给予受托人绝对的信任，另一方面，受托人必须恪守最高的诚信。只有这样，信托才能成立。托付财产是信托的实质。托付财产的基本模式是在委托人、受托人、受益人之间形成利益与责任相互分离的三方信托关系（如图3.1）：委托人把财产转移给受托人，受托人为了受益人的利益而管理财产。信托一旦依法成立，信托财产即是独立的，不仅独立于受托人的固有财产，也独立于委托人及受益人的其他财产，而且，不同信托财产之间也是独立的。

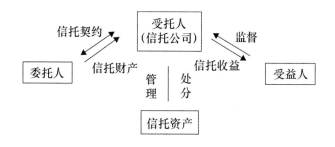

**图3.1　信托关系结构示意图**

资料来源：作者制作。

## 2. 信托的类型

根据划分信托业务种类的标准不同，信托的类型也非常繁多。例如，按照资金的来源和性质进行分类，信托资产可分为资金信托和管理财产信托两大类。所谓资金信托（又称金钱信托），是指委托人基于信任，将自己合法拥有的资金，委托信托公司按照约定的条件和目的，进行管理、运用和处分。按照委托人数目的不同，资金信托又能进一步分为单一资金信托和集合资金信托。信托公司接受单个委托人委托的即为单一资金信托，接受两个或两个以上委托人委托的，则为集合资金信托。与之相对，管理财产信托，即非资金信托，是指委托人将其合法所有的财产或财产权（包括各种动产、不动产和其他权益等），委托信托公司进行管理、运用和处分。

此外，以委托人为标准进行划分，信托可以分为个人信托和法人信托；以受益人为标准进行划分，信托可以分为公益信托和私益信托；以信托成立的方式为划分标准，信托可以分为任意信托和法定信托；按照信托业务的投向特点进行划分，信托还可以划分为房地产信托、证券投资信托、股权收益信托、基础设施信托、PE 投资信托等等。由于以上信托类型的划分只是从某一个方面反映了信托的性质，所以每种划分方法又都有相互交叉的地方。例如，即使是同一项信托业务，按照不同的标准划分，也可以分别是个人信托、任意信托、私益信托、资金信托和房地产信托等等。

## 3. 信托公司

在我国，通常是由信托公司充当信托关系中受托人的角色。根据《信托公司管理办法》第二条的规定，"信托公司，是指依照《中华人民共和国公司法》和本办法设立的主要经营信托业务的金融机构。"而"信托业务，是指信托公司以营业和收取报酬为目的，以受托人身份承诺信托和处理信托事务的经营行为。"

因此具体而言，我国的信托公司是在银监会的监管下，以信任委托为基础，以受托人的身份，以货币资金和实物财产的经营管理为主要形式，开展信托业务、提供信托服务的非银行金融机构。而且，信托公司不仅可以开展信托业务，同时也可以开展自营业务、投资银行业务以及法律法规和银监会批准的其他业务，是一种可以提供全面金融服务的"全牌照"金融机构。例如，信托公司可以涉及的领域包括：信贷市场、货币市场、债券市场、股票市场、实业投资等。截至目前，我国获得银监会批准设立的信托公司共有六十余家，平均每个省份 1—2 家，其中以北京和上海等地的信托公司较多。以 2011 年末的信托资产存量衡量，我国规模前三的信托公司分别是：中信信托、外贸信托以及中诚信托。

# 二　信托业的当前发展特征

本报告将分别从信托资产的总体规模、信托资金来源和运用的构成、信托产品特点等四个方面剖析我国信托业在现阶段的发展形势。

## 1. 信托业不仅发展速度极为迅猛，而且已形成较大的总体规模

根据中国信托业协会的统计，我国信托资产余额自有公开统计数据的 2010 年第一季度以来，一贯保持了持续增长的势头。截止到 2013 年 6 月底，信托资产

余额已经从 2010 年 3 月底的 2.3 万亿元人民币，增至近 9.5 万亿元人民币的规模（如图 3.2）。也就是说，在仅仅三年半时间里，我国信托资产规模增长超过四倍。其中，2011 年 3 月的信托资产余额相比前年同期增长 38%。2012 年 3 月和 2013 年 3 月的同比增长速度更是分别大幅提升至 62% 和 65% 的水平。信托业已经成为国民经济中继银行业存款类金融机构（截止到 2013 年 6 月底），包括大型商业银行、股份制商业银行和城市商业银行在内，资产余额约 100.63 万亿元之后，与保险业（截止到 2013 年 6 月底）资产余额约 7.88 万亿元（数据来源于中国保监会保险统计数据报告）并驾齐驱的重要的非银行类资金融通渠道。

尽管从资产存量的角度来看，信托 9.5 万亿元人民币的规模仅占银行业金融机构 141.3 万亿元资产总额的约 7%。但是，如果从新增信托项目金额这样一个增量的角度来看，信托业的发展速度和总体规模则更为惊人。例如在 2012 年，新增信托项目金额达到历史性的约 4.5 万亿元人民币的规模。而据中国人民银行的统计，同期社会融资规模，即实体经济从金融体

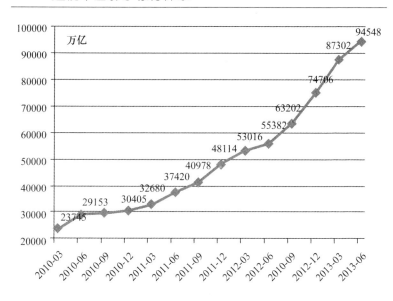

**图3.2  信托资产**

注：本表数据为当季末存量概念。

数据来源：Wind 和信托业协会。

系获得的资金总额约为 15.76 万亿元人民币。经过简单的计算我们就能够发现，新增信托项目金额相比社会融资规模的占比已经超过 25%。换句话说，在我国现阶段，每年实体经济从金融体系所获资金总额中，可能会有约四分之一和信托业息息相关。

**图3.3　新增信托项目金额和社会融资规模**

注：本表数据为当季增量概念。

数据来源：Wind、信托业协会和中国人民银行。

## 2. 单一资金信托一直以来是我国信托资产的主要资金来源

如图3.4所示，资金信托（包括集合资金信托和单一资金信托）一直以来占据了主导性地位，是我国信托资产的主要资金来源。而且，特别是单一资金信托更是占据了我国资金信托资产的绝大部分份额。在2010年3月，单一资金信托就已经接近2万亿元人民币，占信托资产余额超过 80%。其后，尽管在总体信托资产余额中的占比有所下降（仍然接近七成），但是单一资金信托的资产规模仍然保持了不断增长的趋势，截止到 2013 年 6 月底，已达 6.7 万亿人民币。相反，管理财产信托在信托资产余额中所占份额则相对较小，为 5% 左右。

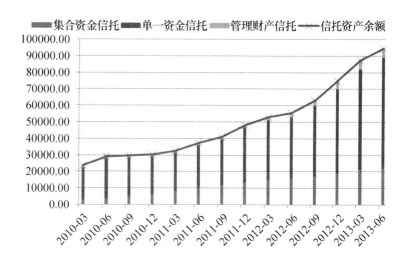

**图3.4 信托资产来源分布**

数据来源：Wind 和信托业协会。

作为我国资金信托最重要的组成部分，单一资金信托是指信托公司接受单个委托人的资金委托，依据委托人确定的管理方式，或由信托公司代为确定的管理方式，单独管理和运用货币资金的信托。单一资金信托计划是相对于集合资金信托计划而言的，其主要区别首先在于委托人的数量。单一资金信托，顾名思义，仅有单个委托人，而集合资金信托则具有多个委托人。其次，单一资金信托的委托人多为机构（例如银行）；而集合资金信托的委托人则多为自然人。最后，单一资金信托的投向和投资方式通常由委托人（例如银行）主导，而集合资金信托则主要由设计该信托产品的信托公司所主导。也就是说，单一资金信托实际上在很大程度上可以看作是一种以银行、政府投融资平台或私募基金等金融机构为主导，通过银信合作、政信合作、私募基金合作等渠道募集资金，并以信托的形式实现的一种金融中介方式，因而是传统银行信贷业务以及政府和民间资金募集与投资的一种延伸。

例如，如图 3.5 所示，根据中国信托业协会的统计，仅仅考虑银信之间采取直接合作形式的银信合作信托余额，在最近两年间就一直保持了近 2 万亿元人民币的巨大规模。信托业通过银信合作的方式，在很大程度上促进了银行表内资产向表外、储蓄向信托资产的转移，从而起到了"影子银行"的作用。作为我国金融体系中占据主导地位的银行类金融机构，选择信托公司作为合作伙伴是和我国对银行业的严格监管分不开的。

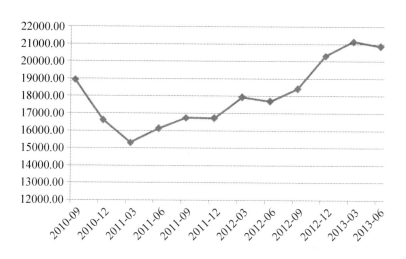

**图 3.5　银信合作信托余额**

数据来源：Wind 和信托业协会。

我国金融监管造成的金融体系现状是：在供给方，商业银行无论是在资金的运用范围、规模，还是信贷利率等各方面都受到了严格的管制；在需求方，民营中小企业等在传统金融制度框架内很难获得充足发展资金[①]。

## 3. 从资金运用的角度来看，投向政府主导的基础产业、房地产以及工商企业的资金已形成三足鼎立之势

其中，基础产业主要是指地方政府的基础设施建设项目，以及部分矿产、资源类项目。如图3.6所示，截止到2013年6月底，投向基础产业、房地产以及工商企业的资金分别占总额达9万亿元资金信托的26.8%、9.1%和29.4%。与之相反，和近几年来低

---

① 详见本报告第四部分关于监管动态的分析。

迷的股市相呼应，投向证券市场，特别是股权类证券市场的信托资金占比非常有限。

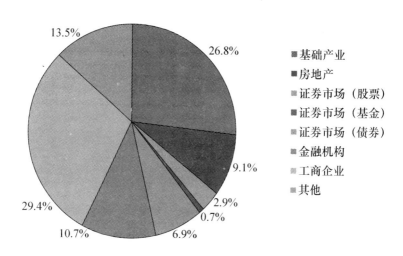

图 3.6　2013 年 6 月底我国资金信托余额分布（按投向）

数据来源：Wind 和信托业协会。

此外，从随时间变化的趋势来看（如图 3.7），投向基建等基础产业的信托资金在 2010 年初曾一度高达 40% 以上。在随后两年时间里，基建资金占比逐渐回落，2011 年底，投向基础产业的信托资金占比下降至约为 22%。但是在 2012 年，其占比又再次回归上升趋势。与投向基建资金占比的波动相比，投向工商企业的信托资金比重则一直处于增长势头。从 2010 年初的不足 15%，一直上升至 2012 年底达到超过 25% 的水平。

特别值得一提的是，房地产类上市企业在金融危机之后开始大量使用信托类贷款作为其重要的融资渠道①。如图 3.7 所示，直接投向房地产的信托资金占比在近几年也一直处于上升势头。在 2011 年 9 月底，房地产信托在资金信托余额中的占比达到峰值，超过 17%。此后由于受到监管机构对房地产信托业务进行风险提示等形式的监管，房地产信托占资金信托余额的比重逐渐回落。截止到 2013 年 6 月底，房地产信托资金余额达 8 119 亿元，占全国信托公司受托的资金信托资产总规模的比重约为 9%。但是，值得注意的是，投向基础产业和工商企业的信托资金背后通常也具有房地产抵押或地方政府土地财政的隐形担保。

---

① 在金融危机之前，非上市公司已经开始大量使用房地产信托的融资渠道。

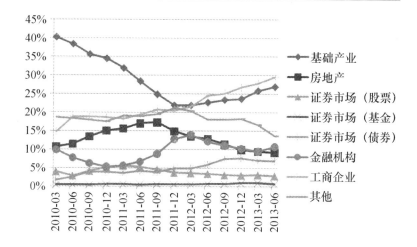

**图 3.7　我国资金信托余额的变化趋势（按投向）**

数据来源：Wind 和信托业协会。

图 3.8 报告了房地产类上市公司在 2006—2012 年间的信托贷款笔数。其中，房地产类上市公司按照证监会产业分类区分。基于《上市公司公报》整理的国泰安上市公司贷款数据库的数据显示，我国房地产类上市公司在 2006 年和 2007 年的信托贷款总数分别为 0 笔和 1 笔。在 2008 年金融危机之后，房地产类上市公司的信托贷款笔数迅速增加，在 2009 年、2010 年和 2011 年全年分别达到 9 笔、17 笔和 29 笔。进入 2012 年之后，尽管受到住房市场价格增长放缓和监管加强

的影响，增长速度仍然迅猛。由于数据截止日期为2012 年第一季度，因此本表报告的 2012 年数据为基于第一季度的外推估算值。基于第一季度数据并利用外推法估算的结果显示，2012 年房地产上市企业信托贷款将可能达到 40 笔以上。以上数据都显示出，我国的房地产开发企业融资现在越来越依赖于信托类贷款作为其融资渠道。

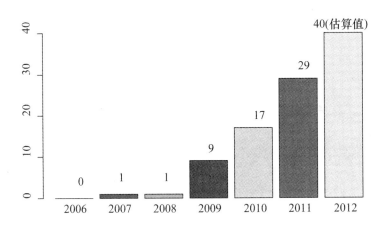

**图 3.8　我国房地产类上市公司信托贷款笔数**

注：本图表报告了房地产类上市公司在 2006—2012 年间的信托贷款笔数。其中，房地产类上市公司按照证监会产业分类区分。数据来源于国泰安上市公司贷款数据库。由于数据截止日期为 2012 年第一季度，因此本表报告的 2012 年数据为基于第一季度的外推估算值。

## 4. 我国信托产品以贷款信托等债务类信托产品为主，而且具有期限较短、收益率较高、产品信息不透明、损失分担不明确等特点

具体而言，截止到 2013 年 6 月底，贷款信托占资金信托资产余额仍然高达 47%，是最重要的信托资金运用方式。与之相对，长期股权投资仅占资金信托余额比例不足 9%（见图 3.9）。

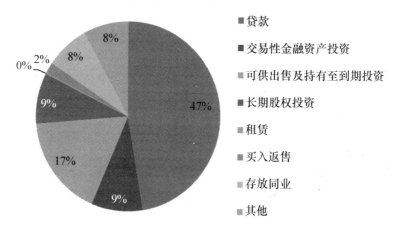

- 贷款
- 交易性金融资产投资
- 可供出售及持有至到期投资
- 长期股权投资
- 租赁
- 买入返售
- 存放同业
- 其他

**图 3.9　2013 年 6 月底我国资金信托余额分布（按运用方式）**

资料来源：Wind 和信托业协会。

其次，信托贷款具有期限较短、利率较高的特点。我们仍然以房地产类上市公司公布的信托贷款公告为例，分析信托贷款具有的利率和期限特征。该数据样本显示，在过去几年间公布的信托贷款利率通常都高达两位数以上，而且呈不断上升趋势（非上市公司的房地产信托融资成本通常会更高）。与之相对，同期我国贷款基准利率仅为6%左右。因此，信托贷款利率相比贷款基准利率具有较高的风险溢价，显示出其存在较大的潜在风险。在经济高速发展和资产价格不断上涨的阶段，潜在风险可能暴露较少。但是，根据金融学理论，高收益总是和潜在的高风险联系在一起的①，即使风光一时的次贷等创新金融产品也不能够避免。所以，在高速经济增长逐步回落、房地产宏观调控不断加强的背景下，更需要我们注意高收益信托贷款产品背后潜在风险的爆发。而且，如3.10所示，房地产类上市公司的信托贷款期限通常较短，绝大部分都在两年以内。在本数据样本内，仅有一笔信托贷款

① 详见本报告第五部分关于信托业潜在风险的分析。

期限达五年。因此，房地产信托贷款存在借新还旧现象。

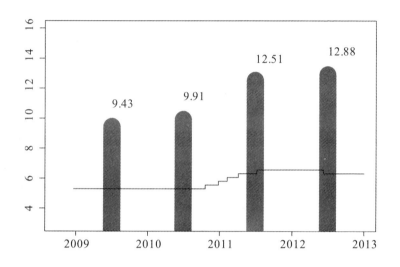

**图 3.10　我国房地产类上市公司的信托贷款利率**

注：本图报告了房地产类上市公司在 2009—2012 年间的信托贷款的年平均利率（单位：百分比）。其中，房地产类上市公司按照证监会产业分类区分。数据来源于国泰安上市公司贷款数据库。由于数据截止日期为 2012 年第一季度，因此本图报告的 2012 年数据为第一季度的数据。图中黑色折线为贷款基准利率。

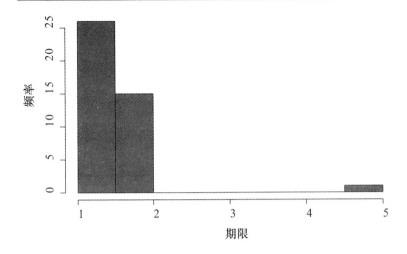

**图 3. 11    2009—2012 年我国房地产类上市公司的**

**信托贷款期限分布**

注：本图报告了房地产类上市公司在 2009—2012 年间的信托贷款期限的分布。其中，房地产类上市公司按照证监会产业分类区分。数据来源于国泰安上市公司贷款数据库。由于数据截止日期为 2012 年第一季度，因此本图报告的 2012 年仅包括第一季度的数据。

再次，我国信托产品在销售过程中存在产品信息披露不充分的现象，会使信托产品面临的各种风险被掩盖或是低估，最终导致信托产品的投资者相信，信托产品具有高收益低风险的特质。就如同引发 2008 年金融危机的原本具有高风险的次贷产品，曾经也被包装为高收益低风险的创新型金融产品一样。特别是在我国占据主导地位的单一信托，相比集合信托在运作过程中更加具有隐蔽性，监管和披露也更加不充分。

最后，信托产品的风险一旦暴露，损失的承担机制往往也并不明确。虽然按照合同，发生损失时信托公司和代销银行只要进行了充分的风险提示、履行了信托管理职责和义务，通常并不需要承担责任。但是就如同我国虽然没有明确的存款保险制度，但是储户相信由于隐形担保的存在，一旦银行出现问题，政府就会承担相应的责任。由于我国信托业尚缺乏具有明确风险承担机制的案例，在"刚性兑付"的口头承诺和"银行兜底"的隐形担保下，一旦信托产品发生违约，我们可能面临无法明确责任的尴尬：到底是信托产品投资者、银行、信托公司，还是政府来承担最终损失？

# 三　信托产品案例

接下来，我们以银信合作信托贷款项目、房地产信托项目以及近期蓬勃发展的资金池信托为例，介绍信托计划在我国的具体实现形式。

## 1. 银信合作信托贷款

银信合作的一种重要形式是将银行理财产品和贷款类资金信托计划联系起来的信托贷款型银行理财产品（图3.12.1）。在涉及银行理财产品的单一资金信托计划中，单个委托人为占据主导性地位的银行，并将理财产品集合的投资者资金交由信托公司管理和运用。因此，在单一资金信托计划中，通常是银行享受信托计划的受益权，投资者在理财产品项下承担相应比例的收益和风险，而信托公司则担任信托计划的管理和资产的处置。

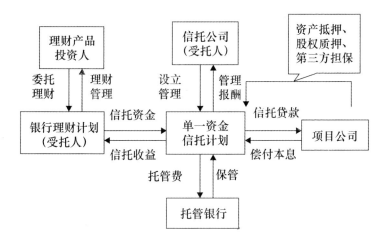

**图 3.12.1 信托贷款型银行理财产品结构示意图之基本型**

注：作者制作。

具体而言，首先，通常是有融资需求的客户向银行寻求贷款。但是银行限于信贷规模控制、利率管制、该客户所处行业或信用状况，难以用贷款的形式满足其融资需求。于是，银行根据客户的融资需求，采取和信托公司进行合作的方式，并在其主导下设计信托贷款性理财产品，从而满足客户的融资需求。在此过程中，银行首先发行相应的理财产品募集资金，然后以此资金设立单一资金信托计划，并通过信托公司的渠道发放信托贷款来满足客户的融资需求。最终，在投资客户、银行、信托公司和融资客户四方之间，形成了投资客户和银行之间的委托理财关系，银行和信托公司之间的信托关系，信托公司和融资客户之间的信托贷款关系。从上述分析中可以看出，在信托贷款型理财产品的银信合作过程中，银行始终在客户选择、产品设计与销售，甚至收益的分配上占据主导地位，而信托公司仅仅是拥有制度红利的融资通道，属于附属地位。

例如，中国建设银行于 2012 年 7 月发售的利得盈信托贷款型（定）2012 年第 1 期理财产品，总额 2 亿元人民币，期限 1 年（2012 年 8 月 1 日至 2013 年 8 月 1 日），预期年化收益率 6.1%。中国建设银行作为理财产品管理人，将该理财产品所有认购资金与江西国际信托股份有限公司设立"烟建集团有限公司贷款资金信托"，取得"烟建集团有限公司贷款资金信托"的信托受益权。投资者按其认购金额占该理财产品项下所有认购资金的比例，承担相应比例的收益和风险。在该理财产品中，建设银行取得信托受益权，而利得盈信托贷款型（定）2012年第1期理财产品的投资者取得理财产品受益权。江西国际信托股份有限公司以其名义向烟建集团有限公司发放信托贷款，并承担信托贷款的贷后管理职能。

1. 投资者：利得盈信托贷款型（定）2012年第1期理财产品认购人

2. 理财产品管理人和资金信托委托人：中国建设银行股份有限公司（托管人为中国建设银行股份有限公司山东分行）

3. 资金信托受托人及信托贷款贷款人：江西国际信托股份有限公司

4. 信托贷款借款人：烟建集团有限公司

最后，需要指出的是，以上描述仅为银信合作信托贷款的基本形式。由于相关监管方针等情况的变化，为了规避监管，上述信托贷款模式在实际操作中还可能具有一定变化。例如，过桥企业形式的信托贷款，或是财产信托受益权转让形式的信托贷款等等。前者是指在银行和信托公司之间设立一个"过桥"企业（如图3.12.2），而后者是指企业将自益型财产权信托的受益权转让给银行（如图3.12.3）。此外，2012年以来蓬勃发展的资金池信托产品（如图3.14.1）中也有不少最终对接到资产池中的信贷资产。但是，这些新的模式仅仅是将银信合作信托贷款的形式更加复杂化，无法改变银信合作信托贷款的本质。

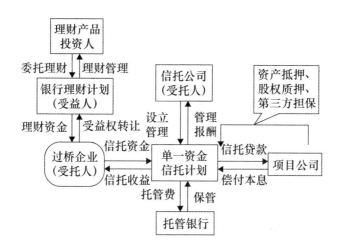

**图3.12.2　信托贷款型银行理财产品结构示意图之过桥企业**

注：作者制作。

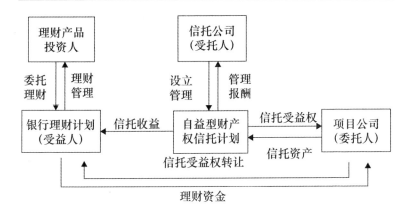

**图 3.12.3    信托贷款型银行理财产品结构示意图
之自益型财产权信托**

注：作者制作。

## 2. 房地产信托

房地产信托是一种特定的信托业务。具体而言，房地产信托是指信托公司通过信托方式集合委托人合法拥有的资金，按照委托人的意愿，为受益人的利益或者特定目的，以房地产各项权利（包括所有权、经营权、管理权、租赁权、受益权和抵押担保权等）或其经营企业为主要运用标的，对资金进行管理、运用

和处分的行为。房地产信托的融资方式主要有贷款型
信托、股权型信托、财产受益型信托以及混合型信托
等模式。（如图3.13.1—图3.13.3）

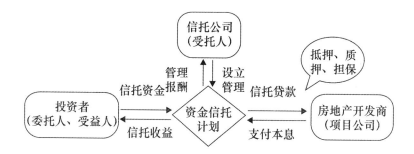

**图3.13.1　贷款型房地产信托**

注：作者制作。

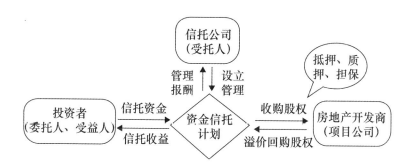

**图3.13.2　股权型房地产信托**

注：作者制作。

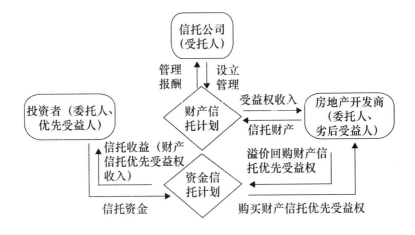

**图 3. 13. 3　财产受益型房地产信托**

注：作者制作。

以上几种不同形式的房地产信托主要具有以下几个方面的不同点。首先，退出方式不同。例如贷款型信托的退出方式为开发商偿还贷款本息、股权型信托通过开发商溢价回购股权，而财产受益型信托则为开发商溢价回购信托受益权。

其次，对信托财产的要求不同。针对不同特点的房地产公司或项目，信托计划分别对项目公司提出了不同的要求。贷款型信托通常要求项目公司"四证"

齐全，具有二级以上开发商资质，自有资本金达标，项目盈利前景看好。股权型信托除了要求项目盈利能力外，通常还需要项目公司股权结构简单清晰。而财产受益型信托要求已经建成的房地产项目，且产权清晰、证件齐全，能产生稳定的现金流。

再次，风险控制机制不同。贷款型信托的风险控制方式通常为房地产抵押、股权质押或是第三方担保等形式。股权型信托除了股权质押和第三方担保的风险控制形式，还可以向项目公司派出股东和财务人员，行使知情权、监督权、建议权等（但类似优先股，通常不具备经营决策权）。财产受益型信托除了回购承诺和第三方担保等形式外，还可通过设置劣后受益权（开发商持有）和优先受益权（投资者通过信托计划持有）、处置信托房产等方式（当受益权未得到清偿时）控制风险。

## 3. 资金池信托

资金池信托产品是指信托公司在向投资者发行信

托产品时，并没有明确的投资标的，而是将资金募集完成后先建立信托资金池，然后再由信托公司自主决定资金的投向分配，最终或投资多个项目，或以组合方式投资。除了投资标的不确定之外，资金池类信托产品与普通信托的主要区别首先在于投资方式的不同，即在资金与项目的配对上主要采取多对一、多对多等模式。其次，不少信托资金池产品采取了一种开放式模式，即在信托期内设置开放期，允许委托人赎回与继续申购，从而提供流动性保障。再次，从投资方向上来看，主要可分为现金管理类资金池产品（如图3.14.1）和TOT[①]类资金池产品（如图3.14.2）。由于资金池信托投资具有风险相对分散、申购赎回灵活、门槛较低、收益较高等特点，因而受到投资者的青睐。

---

①　TOT（trust of trust）是指信托中的信托。通过 TOT 模式可以规避集合资金信托管理办法对合格投资者人数和规模的限制，从而大幅降低资金池类信托产品的投资门槛。

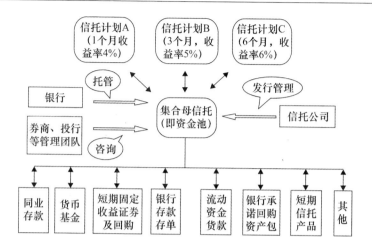

**图 3.14.1　现金管理类资金池信托**

注：作者制作。

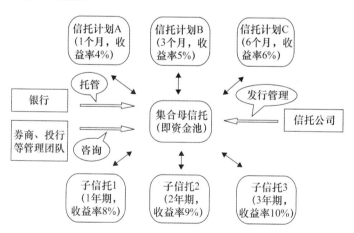

**图 3.14.2　TOT 类资金池信托**

注：作者制作。

# 四 监管动态

## 1. 银行业监管和信托业发展的关系

首先，银行业的严格监管和信贷扩张之间的矛盾对信托业的发展提出了客观要求。一方面，在我国受到金融危机的影响，经济出现下行压力的大背景下实施的大规模财政扩张政策，需要银行信贷资金的大力支持。但是另一方面，作为对国际金融危机的反思，以国际清算银行和二十国集团为代表的国际社会不仅呼吁从质和量两方面加强巴塞尔协议资本充足率监管，并且提出引入杠杆率和流动性监管作为补充。我国监管当局顺应国际潮流，适时引入并加强了对银行的监管，现已形成资本充足率、拨备率、杠杆率和流动性四大监管工具。商业银行的信贷活动由于受到了存贷比、资本和杠杆率等形式的严格监管，产生了以信托等形式实现压缩资产规模、提高资产质量，从而突破监管的客观需要。例如，银行杠杆率监管的加强和整体经济杠杆率提高之间的矛盾就是信托业等非银行金融（影子银行）发展的自然体现。

其次，在利率市场化改革过程中，我国实际形成了银行表内和表外，以及银行和非银行类之间的价格"双轨制"，从而为以银行为代表的金融机构利用信托进行套利活动创造了条件。在我国改革开放的过程中，曾经出现了商品以及外汇价格的"双轨制"，导致了国内不同地区之间、国内外之间商品和外汇的套利交易行为。信托计划，特别是单一资金信托计划成为受到严格监管的银行等金融机构，在资金价格双轨制的条件下进行套利的重要通道。例如，为了吸引投资者资金，银行可以通过发售银行理财产品等形式提高利率，然后选择与信托公司合作的形式，借助信托这个平台扩大其理财产品的投资范围、提高投资收益。一方面，银行选择和信托公司的合作是一种有效的金融创新行为，达到了规避分业经营监管和利率管制的目的。另一方面，信托业充分利用了双轨制红利，通过银信合作等方式，促进了银行表内资产向表外、储蓄向信托资产的转移，从而起到了"影子银行"的作用。同时，投资者可以通过信托渠道，在承担更大风险的同时获得更高的收益。而且，民营中小企业和受到宏观调控的行业等一些无法从传统金融制度框架内获得资金的需求方也可以得到更多的金融支持。

## 2. 信托业的监管动态

我国在银监会成立以后，于2007年成功实施了信托业的功能改革，同时明确了信托公司"受人之托、代人理财"的发展定位，确立了面向合格投资者以及信托资产分离等一系列信托公司经营理念。之后，通过发布针对证券投资、房地产信托、银信合作、信政合作等特定业务的规定文件，形成了以"一法三规"为中心、规范性文件为辅的信托业监管格局，为信托公司长期、科学和稳定的发展提供了重要制度保障。

其中，一法是指2001年10月1日起施行的《中华人民共和国信托法》，三规是指2007年3月1日起施行的《信托公司管理办法》和《信托公司集合资金信托计划管理办法》，以及 2010 年 8 月施行的《信托公司净资本管理办法》。以此"一法三规"为监管基石，银监会鼓励信托业在合规的前提下，进行金融创新，发展信托新业务。例如，银监会 2008 年印发的《银行与信托公司业务合作指引》，推动了银信合作业务的发展；2009 年修改后的《信托公司集合资金信托计划管理办法》，放松了对集合资金信托的管制。

但是，在信托业资产出现快速增长之后，银监会便一直将坚守风险底线作为监管工作的核心。针对信托业在不同时期的发展特点，银监会还分别重点关注了房地产信托、银信合作、信政合作等特定的信托业务，并且以银监会通知的形式，进一步加强了信托业的风险防范工作。

首先，由于 2010 年的银信合作信托余额一度超过 2 万亿元，出现信贷规模管控失效风险。银监会于同年 8 月发出《关于规范银信理财合作业务有关事项的通知》，要求商业银行将表外资产在 2011 年底前转入表内，并按照 150% 的拨备覆盖率要求计提拨备，同时大型银行应按照 11.5%、中小银行按照 10% 的资本充足率要求计提资本。至 2010 年底，银信合作信托余额已开始出现显著下降。但是如前文所述，银信合作有可能采取各种创新形式规避银信合作新规。

其次，在房地产宏观调控的背景下，银行的房地产开发信贷受到严格管制，致使房地产企业转向寻求信托资金，房地产信托余额不断增长。从 2010 年初开始，银监会发布《关于加强信托公司房地产业务监管有关问题的通知》，加强房地产信托监管。同年底，银监会发布《关于信托公司房地产信托业务风险提示的通知》。2011 年 5 月，银监会下发《房地产信托业务风险监测表》，并对部分信托公司的房地产信托业务进行窗口指导。同年 9 月，银监会下发《关于做好房地产信托业务风险监测工作有关事项的通知》，要求做到对房地产信托项目兑付风险"早发现、早预警、早处置"。之后，银监会数次以窗口指导等方式加强对房地产信托的监管。

再次，由于 2012 年的信政合作信托余额，从前年同期约 2 500 亿元增长近一倍，达到超 5 000 亿元人民币的规模。财政部、发改委、央行和银监会于 2012 年 12

月 31 日联合发出了《关于制止地方政府违法违规融资行为的通知》（以下简称《通知》）。该《通知》明确规定，禁止地方政府通过信托公司违规举借政府性债务。据相关数据和报道显示，政信信托规模在政策出台之后的 2013 年 1 月出现了大幅下滑。

最后，近期以来，信托业不断发展的资金池业务由于不仅模糊了信托计划中资金与项目的匹配，加剧了委托人（受益人）和受托人之间的信息不对称，而且还进一步恶化了信托业已存在的期限错配问题。针对信托业的这一发展新形势，银监会于 2012 年 10 月对信托业资金池业务进行调研和窗口指导，不仅紧急暂停了信托发行新的资金池业务，还拟进一步规范存量资金池业务的进行①。

---

① 详见相关媒体报道。例如，《和讯信托》2012 年 10 月 17 日，《21 世纪经济报道》2012 年 10 月 18 日、《第一财经日报》2012 年 10 月 19 日等。

# 五　风险评估

## 1. 信托业面临三个不同层次的潜在风险

结合中国信托业发展的现状特点，本报告认为，我们必须认识到信托业当前具有以下三个不同层次的潜在风险。

### 信托产品本身面临的风险

信托产品本身面临的风险主要在于：第一，信用违约风险的上升；第二，信托产品投融资期限错配造成的流动性风险上升；第三，信息披露不充分引发的法律责任纠纷；第四，发生违约时的损失分担机制不明确；第五，法律法规不完善和金融监管变化带来的违规风险加剧。

## 信托业给金融体系带来的潜在风险

信托业给我国金融体系带来的潜在风险体现在以下几个方面：第一，信托资产占社会融资总额比重的增加；第二，信托和银行资产负债表之间的关联；第三，信托和理财产品、私募基金、城投债等金融活动之间的相互渗透和风险传染；第四，信托产品和中央和地方政府财政之间的关联；第五，凸显传统总量控制型货币政策的局限。

## 信托业风险产生的根源

从风险产生的根源这一更深层次来看，我国信托业主要面临以下四大风险：第一，经济发展速度和方式的转变对信托违约风险和流动性风险的影响；第二，资产价格的波动对信托资产价值或抵押价值的影响；第三，深化金融改革，特别是利率市场化改革过程对信托业双轨制红利的冲击；第四，加强和完善宏观审慎监管导致信托业合规压力的增强。

## 2. 信托业的风险评估

### 引发金融体系的系统性风险可能性不大

本报告认为信托业尚不会对我国整个金融体系带来系统性风险。首先，虽然从增量的角度来看，信托发展速度迅猛。但是如果考虑到相对于银行业金融机构庞大的整体资产规模，信托资产的绝对规模仍然十分有限。其次，相对于信托资产而言，银行的资产负债表质量通常相对较高。因此，即使信托资产发生问题，也不会引发银行资产的连锁反应。这是因为，银行通常只有在限于信贷规模和质量的监管，难以直接用表内资金向民营中小企业等高风险客户提供信贷融资的时候，才会选择与信托公司合作的形式满足其融资需求。

### 发生大面积信用违约风险不小

我国信托资产主要投向基础产业、工商企业和房地产，而且其信托受益权具有收益率较高的特征。但是以上投资领域都存在不小的问题。第一，我国长期以来的高投资率，造成无论是钢铁、水泥等传统行业，还是光伏、风电等新兴行业都面临着严重的产能过剩。从三峡全通和赛维事件可以看出，在金融危机后全球需求萎缩和我国经济增长放缓的当前，这一问题表现得更为突出。第二，经过大规模经济刺激政策之后，我国许多地区存在着基础设施使用率不高、相关收入难以偿还本息的现象。第三，持续不放松的房地产宏观调控政策，不仅可能使部分地区出现房地产价格的波动，也可能会使部分开发商面临资金链断裂，无法还本付息。因此，一旦投向基础产业、工商企业和房地产三大领域的信托资产的投资收益下降，无法按时偿还高额本息，就将引发信托业大面积违约现象。

### 产生流动性风险概率较高

在我国现阶段，资产证券化等金融创新活动和二级市场发展的相对滞后，导致信托产品流动性不足，投资者由于缺乏二级市场的退出机制，倾向购买短期信托产品，所以我国信托产品的资金募集具有期限较短的特点。但是另一方面，作为信托资金的主要投向，无论是基础产品、房地产还是工商企业，投资项目期限通常都较长。所以，信托资产存在期限匹配不合理和借新还旧现象。近期资金池信托业务的蓬勃发展还进一步加剧了期限匹配的不一致。因此，在没有类似银行业的存款保险和政府担保的情况下，即使信托资金的投资项目长期看好，一旦发生短期性冲击，不仅极有可能无法展期，还会严重影响新增信托计划的发行。

## 可持续发展面临巨大挑战

随着金融改革的深入，信托业的长期稳定发展也面临着巨大的挑战。首先，利率市场化改革过程将会对信托业双轨制红利带来不小的冲击，从而影响以贷款信托等债务类信托产品为主的中国信托业的持续发展。其次，我国加强和完善宏观审慎监管的金融体制改革会对信托业的合规运营形成压力，从而对信托业现有的"通道"业务形成巨大的挑战。因此，如何在最大限度规避和化解风险的同时，勾画出未来长期可持续发展的蓝图，也是中国信托业现在急需解决的重要课题。

# 六　政策建议

总体而言，中国信托业近年来在银监会的管理下，解决了一些长期以来困扰行业监管和发展的关键问题，探索出了一条可行的业务发展模式，取得了巨大的发展成就，成为联系合格投资者和实体经济的一种全新而有效的金融中介手段，是我国金融体系重要的有机组成部分。同时，信托业的发展不仅体现了我国金融创新和金融监管相互促进的过程，在很大程度上也是我国利率市场化改革的一种有益探索。但是，伴随着信托业的快速发展，其风险也在不断地积累。尽管本报告认为信托业引发金融体系的系统性风险的概率不大，但是仍然存在发生流动性风险和大面积违约事件的可能。金融监管当局应当从长效监管机制和危机管理两个方面入手，进一步完善信托业的各项法律法规，规范信托业的行业行为准则，鼓励合规前提下的信托产品创新，保证信托合同在实践中的有效落实，从而促进中国信托业长期稳定的可持续发展。

第一，尽管我国信托业在当前存在一定的风险，但是金融监管当局应当采取更加积极的态度引导信托业的发展，而不是抑制信托业发展规模和金融创新。具体而言，金融监管当局应当在防范和控制信托业风险的同时，引导信托公司探索和发展符合时代特征的信托新产品。特别是需要引导信托公司摆脱目前主要扮演"影子银行"的角色，借鉴国外发展经验，大力发展专业化、差别化和多样化的信托资产管理服务。

第二，为了防止或减少监管套利行为，金融当局应当在总量控制和窗口指导的基础上，积极探索价格调整型的信托业监管方式和调控手段。具体而言，本报告的分析显示了信托业的发展是和我国的利率市场化的进程联系在一起的，是严格的银行业利率管制背景下一种间接的利率市场化行为。信托业已成为我国资金价格双轨制的条件下进行套利的重要通道。因此，价格型调控和监管方式可能不仅更为有效，而且还将会对今后金融监管实践的变迁、利率市场化改革的深入以及货币政策的转型具有重要的借鉴意义。

第三，金融监管当局应当着力降低信托关系各方之间的信息不对称，特别是作为受托人管理和运用信托财产而具有信息优势的信托公司、单一资金信托计划中作为委托人参与产品设计和管理的金融机构和信托产品受益人之间的信息不对称。具体而言，金融监管当局应当提高信托产品募集期的信息透明度，减少具有误导性的虚假信息，确保信托受益人对信托资产的具体投向、性质和风险有充分的了解。同时，加强信托产品运作期的信息交流，防范道德风险。当信托计划由于其私募性质只能进行有限信息披露的时候，确保信托的实际目标客户回归机构投资者和富裕阶层，而不是普通公众。

第四，金融监管当局应当明确风险暴露后的损失分担机制，提高投资者和信托公司的风险意识，从而使得信托投资的风险和收益相匹配，实现信托产品所面临各项风险的合理定价。具体而言，针对已经发生或是可能出现的信托计划违约事件，金融监管当局应当采取措施，引导信托计划关系各方按照合同享受收益的同时，承担各自相应的责任，避免发生信托公司垫付、银行兜底或是政府埋单的现象。

第五，在风险可控的原则下，大力发展信贷以及企业债券等的二级市场，鼓励资产证券化等金融创新，提高信托产品的流动性，促进信托产品投融资期限匹配合理化。对于投资者而言，二级市场的退出机制可以打消其购买长期信托产品的顾虑。对于信托资金使用者而言，流动性的提高可以提高筹资期限，减轻具有较长的开发期限项目的借新还旧压力。同时，信托公司也可以盘活存量信托资产，提高资产的流动性和收益性。

第六，针对可能出现的大面积违约事件，或是流动性风险的发生，金融监管当局应当以危机管理的方式适当介入，但是应该避免形成长期干预机制。具体而言，金融监管当局应当事先收集信息、做好预案，保证违约事件的有序发生，以及违约清算快速、有效、公正地进行。当信托业发生流动性危机的时候，金融监管当局也可以以非担保的柔性形式介入，引导信托关系各方适当延长信托产品的期限。

# 附录　日本的历史经验对比

从本报告分析中我们可以发现，宏观经济环境的变化，以及金融监管、创新和改革的变迁不仅是近年来我国信托业蓬勃发展，形成上述几大发展特点的主要推动力，而且也是影响信托业未来走向的决定性因素。因此，信托业现在面临哪些潜在风险、对金融体系会造成何种影响、未来何去何从都会与这些关键词息息相关。和中国类似，日本信托业的发展变化也是和日本宏观经济环境以及金融自由化改革这两个关键词紧密联系在一起的。因此，我们也许可以通过回顾日本的经验，找到中国信托业现在面临的潜在风险，窥探出未来的发展方向。

## 1. 曾经的宠儿：贷款信托

和中国现阶段的特点类似，贷款信托在 20 世纪六七十年代也曾经是日本信托业的主流产品。由于当时日本不仅对银行存款的利率和期限进行管制，而且还实施了分业经营、长短分离的金融监管。因此，可以兼营银行和信托业务的信托银行①通过发行五年或五年以上的长期信托产品募集资金，然后将资金以长期贷款的形式提供给企业进行长期设备投资获得较高的收益。在日本经济高速发展时期，贷款信托一方面给资

① 日本的信托银行，指依照银行法设立的银行中，依据关于金融机构兼营信托业务的法律，获准兼营信托业务，并且以信托业务为主的银行。二战后，根据1948年制定的证券交易法，日本实行了银行和证券业务分离的政策。以经营有价证券承销等为主的信托业，由于受托资产价值遭受了战时国债的无价值化以及严重通货膨胀的侵蚀，经营出现困难。作为信托公司的救市政策，日本大藏省开始允许信托公司兼营银行业务。之后，伴随着日本战后的经济增长，以及企业长期设备投资资金的融资需求扩大，如何确保能够提供长期资金的金融机构成为金融当局的重要课题。为了减轻普通银行长期资金的供给压力，日本大藏省于1954年实行了将信托业务从普通银行中分离出来的政策。由此，形成了可以兼营银行和信托业务，并以信托业务为主的七家信托银行，而兼营信托业务的普通银行仅剩下了大和银行一家。此后，从1985年开始，外资银行开始可以在日本设立信托银行子公司。1993年的金融制度改革，还允许日本国内的证券公司和普通银行设立信托银行子公司。

金需求旺盛的企业提供长期资金，为基础产业的稳定发展发挥了重要作用；另一方面由于相对期限较短的银行存款收益率较高，因此受到了储户的欢迎。

总而言之，当时日本信托业在以下几个方面和中国现阶段特点比较类似：（1）信托银行在信托产品设计中占据主导地位；（2）以贷款信托为中心的信托资产规模不断增长；（3）贷款信托虽然募集成本较高，但同时资金运用收益也较高；（4）得益于经济高速发展，风险暴露也很小。

## 2. 经济减速和金融改革的冲击

但是自20世纪70年代后期以来，宏观经济环境的变化以及金融自由化改革彻底改变了日本信托业的发展方向，同时也将其风险暴露无遗。首先，日本告别了过去经济高速增长的年代，进入稳定发展期，因此企业对设备投资以及相应的长期资金的整体需求下降。其次，不断进行的金融自由化改革的影响主要体现在两个方面：一是扩大了以企业债券为代表的资本市场规模的同时实现了资金成本市场化，使得业已下降的企业，特别是大中型企业的长期资金需求逐渐偏向资本市场。包括信托贷款在内的传统金融由于失去了传统优质客户，不得已转向中小型企业等风险更高的业务。二是放松了对银行业存款利率和期限的限制，造成贷款信托相对于传统银行业募集资金的比较优势丧失。

在双重压力之下，日本信托银行和其他传统银行在贷款业务上逐渐趋同，转向房地产行业或是具有房地产抵押的中小企业贷款，同时大幅增加了证券投资业务。尽管在20世纪80年代初期就已经显露出经营困难，但是得益于80年代不断上升的房地产和股票市场，一直到90年代资产价格泡沫破裂，日本信托业才再次陷入了危机。也就是说，虽然包括信托银行在内的日本金融业，在70年代末和80年代初逐渐暴露的由于经济增长放缓和金融自由化改革带来的企业贷款风险转化为了资产价格风险，但其结果只是推迟了风险爆发的时间，并带来了更加猛烈而且长期的影响。

## 3. 信托银行在危机中的影响

但是和我国相比，日本的信托业具有法制完善、监管严格、投融资期限匹配、风险责任明确、信托知识和网络普及等特点。特别是当时日本的信托业在进入壁垒、投资信托计划的类型和人数等方面都受到了极其严格的监管，所以相对于传统银行储蓄形式，信托总体规模仍然很小，所以在金融危机中造成的影响也相对较小。那么是否严格限制信托规模的发展就可以控制风险呢？答案显然不是。因为风险仍然会以其他形式表现出来。例如在日本，最终是由传统银行业及其背后的政府承担了几乎所有的金融危机爆发的成本。所以我们不仅应该关注风险表现形式等表象，更应该探讨风险产生的深层次原因。

## 4. 对我国信托业的启示

伴随着高速经济增长的逐步回落、房地产宏观调控的持续加强，利率市场化改革等金融改革的逐渐深入，以及包括信托在内的整个金融体系宏观审慎监管的完善，和日本的信托银行一样，我国以贷款信托为主的信托业务在将来会面临双轨制红利消失、竞争加剧、风险暴露上升等诸多挑战。但是只要我们回顾一下日本的经验就能发现，虽然曾经风光一时的贷款信托已经从历史舞台消失，但是现在（2012年底）日本信托资产不仅总额高达759万亿日元（约合54万亿人民币），而且种类范围多样，新兴产品不断得到开发。中日之间相似的经济规模和信托资产之间的巨大差距说明了中国信托业仍然大有可为，切不可由于防范风险而放弃信托业的发展。正确的做法应当是，在防范和控制风险的同时，探索和发展符合时代特征的信托新产品。

# 银证合作：现状、风险和政策建议

高海红　　高　蓓

摘要：银证合作是中国影子银行的重要组成部分。相对于其他影子银行形式，其起步较晚，但却发展迅速。其兴起源于监管套利动机，也是银行和证券公司应对市场竞争的结果。通过定向资产管理，银行突破了信贷限制，实现对实体经济的贷款；同时也因其表外业务特征，造成信用风险和流动性风险。本报告对银证合作特征、发展和运作模式进行了全面的阐述，对其可能产生的风险进行系统性甄别。本报告认为，银证合作是未来资产证券化进程中的一种过渡形式，监管机构应从短期和长期两方面着手，在风险调控的同时，对银证合作业务进行合理规范和引导，并将其纳入金融改革的整体规划。

**关键词：**银证合作　影子银行　定向资产管理业务

银证合作是中国式影子银行的重要组成部分。与银信合作等其他影子银行业务相比，银证合作起步较晚，但发展迅速。2011年底银证合作通道业务总规模为0.2万亿元，到2012年底增加至1.89万亿元。实际上从2012年以来，银证合作已经成为影子银行的主要业务形式。这一通道业务，既有中国式影子银行的一般特征，也有其独特性，比如在某种程度上进一步传递了金融风险。分析和研究银证合作的现状特点，揭示其未来发展方向，对于化解中国影子银行体系面临的潜在风险具有重要的意义。

# 一　银证合作通道类业务的定义、特点及发展现状

银证合作属于定向资产管理通道业务。它出现的重要契机是 2010 年银监会发布了《中国银监会关于规范银信理财合作业务有关事项的通知》（以下简称《通知》）。该《通知》对银信合作中的重要形式——银信理财合作业务进行了严格规范。在此背景下，作为银信理财业务的一个重要替代，券商介入银行理财业务，银证合作通道出现跨越式发展。

## 1. 定义

银证合作通道类业务，即证券公司为以商业银行为主的机构客户提供的投资通道服务，其主要以定向

资产管理计划作为载体，根据委托人的投资指令开展投资操作，收取基本管理费。其中，券商定向资产管理业务是银证合作的主要形式。

一般来说，券商定向资产管理业务与基金公司的专户理财性质类似，是证券公司按照客户的委托意愿进行投资，通过专业的资产管理服务为客户的委托资产进行保值增值。委托客户可以是自然人、法人或依法成立的其他组织。委托资产可以是现金、债券、资产支持证券、证券投资基金、股票、金融衍生品或证监会允许的其他资产。

与其他理财方式相比，定向资产管理的特点主要表现为理财方案具有针对性、投资方式灵活、投资领域多样。定向资产管理业务可以参与融资融券交易，也可以将其持有的证券作为融资标的证券出借给证券金融公司。

定向资产管理业务是证券公司传统业务之一。但本报告所研究的定向资产管理业务与传统业务有所区别，创新型的定向资产管理业务主要为银行通道业务，其结合银行、券商、信托、保险等金融机构的优势，通过金融创新，有效帮助银行规避了监管，但同时也实现了金融服务与实体经济的结合。

## 2. 现状

2010年银监会叫停银信合作通道业务后，券商进入通道业务链条，银证合作成为替代银信理财业务的重要渠道。在此后的两年间，银证合作发展迅速。从券商资产管理主要业务来看，与自营、集合理财相比，定向资产管理的通道业务发展迅速。图4.1显示券商资产管理业务组成规模的变化情况。从图中可以看出，从2010年12月以来，券商自营的资产管理业务相对稳定，集合理财业务的变化也相对温和；相比之下，定向资产管理的通道业务却发展迅速。2010年12月，券商定向资产管理业务规模为406.25亿元，到2013年1月，其月度规模达到1 139.66亿元的峰值。随后稍有下降，到2013年8月为922.85亿元。从月度统计看，2010年12月券商定向资产管理占总持股市值比重为22.1%，到2013年8月，这一比例上升到

39.8%。银证合作业务暴增推动券商资产管理业务整体增加。

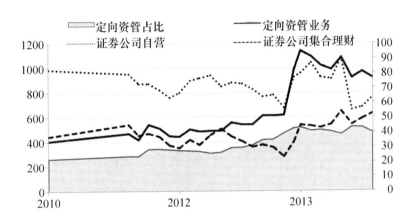

**图 4.1　券商主要资产管理业务（2010.12—2013.08）**

注：1. 左轴为证券公司持股市值，单位为亿元；右轴为定向资产
　　　管理业务占比，单位为%。
　　2. 本图数据为月度数据。
来源：证监会数据。

## 3. 特点

银证合作通道业务产生于特定时期，是对传统定向资产管理业务的一种创新，其融合了银行与券商各

自的优势,实现金融服务和实体经济不同的目标。其实际运作特点可以概括为以下几个方面。

第一,银证合作形式的权责分配在银行与券商之间呈现非对称性。银证合作的基本运作模式是,银行以理财产品等形式募集资金,以委托人的身份与券商签订定向资产管理合同;券商则以定向资产管理项目的管理人身份,进行定向投资。这一模式下,券商仅提供资产管理通道,银行则负责资金筹集及投资运作。银行作为委托方在原则上承担全部信用风险,券商则几乎是在无成本条件下收取佣金。随着券商更多的介入,通道业务规模扩大,银行所要承担的风险也相应提高。

第二,银证合作通道业务虽然增加了证券公司的定向资产管理规模,但券商因此获得的实际收益十分有限。依据定向资产管理运行模式,券商仅仅提供通道服务,在整个交易中仅收取管理费。尽管券商通道业务成本较低,但是由于参与数量不断增多,费率竞争激烈。目前,券商实际获取的平均管理费率仅为0.02%—0.05%。2012年,券商资产管理业务净收入仅增长 26.6%，这与接近六倍的资管增幅相比不相匹配。由于券商的被动作用，貌似"留下买路钱"的无本生意却与券商自主的资产管理基本原则完全相悖。这其中有机会成本，也有效率损失。

第三，作为影子银行的一种形式，银证合作业务具有与其他影子银行性质相同的特征。首先，银证合作通道业务突破传统银行信贷模式，以一种准证券化形式，使得银行利用表外操作实现信贷规模扩张，同时规避信贷比等监管约束，变相实现银行对实体经济的贷款服务。其次，银证合作通道业务虽然名义上不享有中央银行的贴现窗口支持，但在中国特殊背景下，仍然具有"隐性担保"和"刚性兑付"的特点，资金主要来源于银行的个人理财产品，而资金使用则主要是对房地产和地方融资平台的贷款。再次，从风险角度看，银证合作存在期限错配、游离于常规监管体系之外、期限较短、收益率较高、产品信息不透明、损失分担不明确等特点。而且由于券商介入，使得影子银行系统风险链条又增加了一环。最后，从积极角度看，银证合作通道业务作为规避监管的一种金融创新行为，在特定时期实现了银行对实体经济的资金支持，客观上倒逼金融改革步伐的加快，助推中国利率市场化、"银行资产管理业务"和"资产证券化业务"的产生。

# 二　银证合作通道类业务产生原因

银证合作通道业务发展既有制度因素，也有市场需求。其兴起从本质上讲是金融机构进行监管套利的结果；同时也是银行和证券公司应对市场竞争的结果。

## 1. 制度原因

2010年，在房地产价格飙升与地方融资平台债务高企的背景下，央行与银监会开始更严格地控制商业银行对房地产开发商与地方融资平台的新增贷款。同时，由于经过2009年的信贷飙升，商业银行贷存比与资本充足率面临监管上限约束，人民币贷款增量在2010年下降至8.0万亿元，2011年更是下降至6.9万亿元。尽管2012年重新回升至8.2万亿元，但仍显著低于2009年的历史水平。由于贷款收紧，很多在经济刺激时上马的项目无法通过正常渠道继续获得银行贷款。

银行业规避监管的动机主要有两个：一个是保持自身利润的增长，另一个是为了防止资金链条断裂后不良贷款率上升。面对多个项目无法继续通过银行正常渠道得到贷款，一方面导致银行前期所贷资金可能无法收回，继而不良贷款率上升；另一方面，来自地方的融资需求使得银行有强烈动机通过其他渠道实现对实体经济提供贷款。在这种状况下，银行开始寻求通过与信托、基金和保险等其他金融机构合作，各种影子银行通道应运而生。其中，银行理财产品在短短不到两年的时间出现了突飞猛进的跨越式发展，由2010年底的4万亿元增长到2012年底的14.6万亿元。

银行理财产品的快速增长受到监管部门的密切关

注。出于风险防控的考虑，从 2010 年开始，银监会加强了对银行同业业务和表外业务的监管，要求银信合作表外资产入表、票据保证金缴纳存款准备金、同业代付计入风险资产及计提拨备。受此影响，传统银信合作信贷类和票据类通道业务迅速变窄，银行急需寻找新的替代通道。与此同时，证监会在 2012 年开始放宽对券商资产管理业务的各项限制，银证合作应运而生。可见，银证合作是在监管与创新的博弈中发展起来的。

## 2. 市场竞争需要

理财产品激烈竞争迫使银行寻求更宽泛的放贷渠道。2009 年信贷飙升导致银行资产大规模扩张，与此同时，商业银行仍面临 75% 的存贷比约束和资本充足率约束。但由于国内利率水平管制，商业银行无法通过提高存款利率来满足监管部门对存贷比和资本充足率的要求，因此，不受利率管制的理财产品应运而生。通过发行非保本型理财产品，并用理财产品资金池对外提供贷款，商业银行事实上完成了部分贷款从资产负债表内向表外的转移。但随着国内货币政策的整体收紧，资金紧张程度加剧，导致理财产品竞争日趋激烈。如图4.2所示，各种期限理财产品年预期收益率每周数据虽然不断波动，但整体呈上升趋势。理财产品较高的利息负担需要银行开拓更为宽泛的放贷渠道，并在保持银行利润增长的同时防止不良贷款率上升。

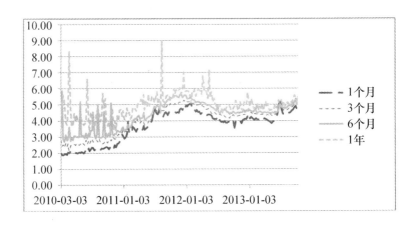

**图4.2　各种期限理财产品预期年收益率**

数据来源：Wind 数据库。

从证券公司角度来看，低迷的资本市场使得证券公司经纪和承销业务收入下滑，迫切需要开拓新的收入来源。如图4.3所示，股票市场从2008年之后一直在低位徘徊，受此影响，证券公司2013年6月代理买卖证券业务收入为340.47亿元，比2011年12月减少50.6%（参见图4.4）。同时由于股票市场的萎靡，新股发行首次公开募股在2012年10月被暂缓，导致证券公司证券承销与保荐业务净收入在2013年下降了63.1%（参见图4.4）。受代理买卖证券业务收入与承销与保荐业务收入同时下降影响，证券公司营业收入和净利润均出现不同程度的下降。为了弥补市场低迷造成的收入下降，证券公司需要开拓新的收入来源，同时，银行作为证券公司的重要客户，也是需要努力维护的。因此也就可以理解为什么虽然收入增加有限，但券商之间仍然竞争激烈。

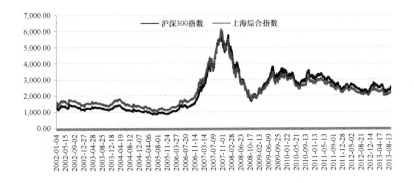

**图 4.3　股票市场指数（日数据）**

数据来源：Wind 数据库。

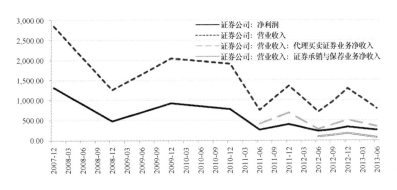

**图 4.4　证券公司盈利状况（季度数据）**

数据来源：Wind 数据库。

## 3. 政策激励

券商介入通道业务也同时受到了政策的激励。2012年10月，证监会出台了《证券公司客户资产管理业务管理办法》、《证券公司集合资产管理业务实施细则》和《证券公司定向资产管理业务实施细则》，作为支持券商创新发展的重要配套措施，将审批制度改为备案制度，放宽了券商资产管理产品的投资范围、投资限制和产品设计要求。其中对于定向资产管理，允许投资者和证券公司自愿协商，合同约定投资范围。证监会对券商资产管理业务限制放宽为银证合作通道业务的发展保留了巨大空间。另一方面，证监会降低了各类业务的风险准备比例，放宽了净资本的计算方法，使得资管业务消耗的净资本减少，进而提升了券商资产管理的规模上限。随着券商资产管理新政的实施，券商资产管理开放式通道的价值开始被发现并被重视，银证合作成为潮流。

# 三　银证合作通道类业务的运作模式

银证合作通道类定向资产管理业务的基本运作模式为：银行以理财产品等形式募集资金，作为委托人与券商签订定向资产管理合同；券商作为定向资产管理计划的管理人，按照银行指令将资金投向银行指定的票据资产、特定信托计划等品种。

证券公司银证合作通道类定向资产管理业务按照投资标的不同主要包括：票据类，特定收益权类，委托贷款类，应收账款类，银行存量金融资产类，信托产品类。其中最主要的以票据类、特定收益权类、委托贷款类和信托产品类为主。

## 1. 票据类定向资产管理业务

票据类定向资产管理业务是指券商接受商业银行的委托，购买其票据资产的业务。票据类定向资产管理业务又可分为已贴现票据资产和未贴现票据资产两种。具体业务运作模式参见图4.5。

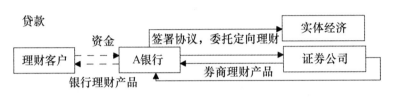

购买银行票据资产所有权，实现票据出表

**图4.5　票据类定向资产管理业务运作模式**

资料来源：招商证券。

在该模式下，A 银行通过发行理财产品募集资金（表外资金），并委托证券公司资产管理部门管理所募集资金，通过签署定向理财协议，要求证券公司资产管理部门用这笔资金购买 A 银行已经贴现的票据（表内资产），实现表内资产表外转移的目的。同时，A 银行的存贷比降低，资本充足率提高，银行将相应增加对实体经济的贷款额度。

对于未贴现票据，其与贴现票据的不同在于定向资产管理计划受让票据转让方所转让的票据资产（收益权），并委托票据保管行（一般是该票据承兑银行的分行）审验、保管、托收该票据资产；同时，将该票据资产质押给保管银行（一般是该承兑银行的分行或支行）；转让价款由定向账户划至票据转让方。

## 2. 特定收益权类定向资产管理业务

特定收益权类定向资产管理业务是指证券公司接受商业银行的委托，投资于其特定项目收益权的业务。特定收益权主要指银行的票据收益权。具体业务运作模式参见图4.6。

**图4.6　特定收益权类定向资产管理业务运作模式**

注：作者制作。

在该模式下，证券公司通过发行理财产品募集资金，购买银行持有的尚未到期的票据收益权，获利部分归投资者所有，券商获得管理费及业绩报酬。与票据类定向资产管理业务不同的是，证券公司资产管理产品投资的只是银行票据资产的受益权，并非买断票据资产的所有权，因此，银行无法在财务上将贴现票据资产转移出表，票据依然占据着银行的信贷额度。这种模式类似资产证券化，银行通过合作获得更多的是短期周转资金。

## 3. 委托贷款类定向资产管理业务

委托贷款类定向资产管理业务是指证券公司接受出资方的委托，作为定向资产管理业务的受托人进行委托贷款业务。具体业务运作模式参见图4.7。

**图4.7　委托贷款类定向资产管理业务运作模式**

注：作者制作。

在该模式下，A 银行通过发行理财产品募集资金，并委托证券公司向特定借款人发放贷款。贷款到期后，借款人向定向资产管理计划还款，证券公司将相关收益分配给委托人。实际操作中，证券公司首先需要与 A 银行的分行（或其他银行）签署《委托贷款合同》，并向该银行划转资金；之后委托贷款经办银行根据委托贷款合同向贷款企业进行贷款，实现向企业放贷的目的。委托贷款类定向资产管理业务能够直接连接出资方和融资方，实现对特定企业的贷款。

## 4. 应收账款类定向资产管理业务

应收账款类定向资产管理业务是指证券公司接受委托人的委托，投资于特定企业的应收账款及各类生息资产的收益权（持有到期，或约定企业回购）的业务。具体业务运作模式参见图 4.8。

**图4.8　应收账款类定向资产管理业务运作模式**

注：作者制作。

在这种模式下，A 银行通过发行理财产品募集资金，并委托证券公司用所募集理财资金购买特定企业的应收账款及各类生息资产的收益权。通过这种方式，银行将可以实现对因受限制而不能直接贷款的企业放款的目的。

## 5. 银行存量金融资产类定向资产管理业务

银行存量金融资产类定向资产管理业务是指证券公司接受委托人的委托，投资于本行或跨行存量金融资产，获取理财收益，同时资产出让分行实现资产出表等资产结构调整。具体业务运作模式参见图4.9。

**图4.9    银行存量金融资产类定向资产管理业务运作模式**

资料来源：招商证券。

在这种模式下，A 银行通过发行理财产品募集资金，并委托证券公司用所募集理财资金投资资产转出银行所转让的金融资产。目前用于投资的金融资产以银行同业存单收益权、信用证资产等同业资产为主。

## 6. 信托类定向资产管理业务

银证合作的方式之一是将原来的银信合作变为银证信合作，增加券商作为中间渠道：银行资金委托给证券公司，证券公司通过设立集合资产管理计划和专项资产管理计划对接信托公司的集合资金信托计划，之后贷给融资客户。具体业务运作模式参见图 4.10。

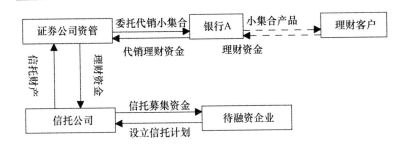

**图4.10　信托类定向资产管理业务运作模式**

资料来源：招商证券。

在此模式下，A 银行接受证券公司委托代销理财产品募集资金，而证券公司的资产管理计划由信托公司的信托计划决定。在此过程中，证券公司由于缺乏小集合产品的主动投资权，主要发挥融资的通道作用；而银行除了帮助证券公司代销小集合产品外，还起到提供融资客户、与信托公司一起制定信托产品的作用。此外，银行、信托公司还可以通过与券商资产管理合作，利用资产管理的通道将信托公司的融资类业务转换为投资类产品，从而避开监管对信托融资类业务余额占比不得超过30%的限制。

# 四　潜在风险和问题

银证合作通道业务风险与其他影子银行可能面临的风险一样，包括期限错配造成的信用违约风险、流动性风险，以及对央行货币政策冲击的风险。同时，银证合作的特殊性也带来相应的特定风险。

## 1. 信用风险

同其他影子银行一样，通过银证合作通道的贷款主要投向房地产和地方融资平台，而各层次融资平台都存在着不同程度的违约风险。未来随着中国经济潜在增长率的放缓，这些行业面临重新整合，必将造成投资收益率下降，这将无法维持银行理财产品的高利率水平，违约风险将有所上升。违约风险出现也会影响新募集理财产品的资金规模，在推高利率水平的同时加剧期限错配流动性风险。

银证合作通道业务的违约风险有其独特性。首先，银证合作通道业务从银行购买未贴现票据，此举给银行提供了更多表内贷款空间，未贴现票据由企业的应收账款支持，因此对于那些无法收回债款的公司，券商可能成为隐形的融资来源。其次，在通道业务模式下，贴现票据是以资产包形式出现的，券商通过定向资产管理资金购买资产包的权利，没有现实交易发生。这一模式实际上面临法律风险。根据我国《票据法》，票据的签发、取得和转让，应当遵循诚实信用的原则，具有真实的交易关系和债权债务关系。再次，券商如果将受托资金投资于信托产品，充当银行和信托公司之间的中间人，这种做法将银行与信托公司之间的融资链延长到券商。但是，证券资产管理不属于法律意义的信托业务，资产管理产品是以合同或协议方式持有的票据资产，在出现投资对象破产或者委托银行出现破产这样的极端情况下，能否做到破产隔离存在着不确定性。这在相当程度上将发生违约时的损失分担机制复杂化。目前，无论是从法律层面还是监管层面，对此类风险分担权责都没有明确规定。

## 2. 流动性风险

银证合作通道业务的资金主要通过滚动发行短期
理财产品获得，而资产多为中长期贷款，一旦不能继
续滚动发展理财产品，则会触发流动性风险；另一方
面，理财产品中部分资金投向房地产等高风险行业，
未来可能面临集中的信贷违约局面①。银行理财产品收
益率在 2013 年 6 月钱荒事件后整体有所上升，表明投
资者对流动性风险已经有所警惕。

## 3. 政策风险

银证合作通道下的资产管理作为银行到企业之间
的一个通道，银行变相放贷，突破监管边界，从银行
和券商角度看，随时面临政策风险。监管政策对银证

---

① 券商的这一角色与银信合作中的信托角色相似，通过该渠道产
生的流动性风险与银信合作下的流动性风险相似。

合作的主要影响渠道，一是价格监管，降低手续费、降低产品结算利率；二是限制规模，如严格限制集合资产管理产品用途等，加强监管部署；三是对于证券公司的自营业务，除了通过国债回购、同业拆借、股票质押等方式外，严格禁止通过其他途径套用银行资金违规流入股市。任何监管政策的变化都有可能对银证合作的发展产生影响。

## 4. 与资产管理基本原则的背离

银证合作下的通道类资产管理业务的运作方式，是银行对券商发出指令，并行使对票据资产的定价、评估、管理和风险控制权，券商则被动接受银行指令，不负责销售，也不负责设计产品，更没有主动投资权。由于券商完全不关心价值评估，不关心资产定价，貌似"留下买路钱"的无本生意与券商自主的资产管理基本原则完全相悖。这相应地产生机会成本，也产生效率损失。

## 5. 对央行货币政策的挑战

银证合作定向资产管理成为银行对实体经济的变相放贷，对中国央行以 M2 作为货币政策的中间目标形成了挑战。即便以社会融资总额替代 M2，也存在两个问题。一是社会融资总额是内生变量，缺乏作为中间目标的可靠性[①]；二是社会融资总额无法涵盖影子银行体系的全部内容。与其他影子银行形式一样，银证合作降低了央行货币政策的有效性。

# 五 发展前景和政策建议

随着券商资产管理规模突破两万亿元，银证合作的方向在新的监管背景以及行业发展背景下产生了新

---

① 余永定：《社会融资总量与货币政策的中间目标》，《国际金融研究》2011 年第 9 期。

的变化。尽管银证合作的通道类业务尚未构成实质性风险，但潜在风险一直存在。而且，从中国金融业改革全局出发，银证合作与其他中国式影子银行一样，是未来真正意义的资产证券化进程中的一种过渡形式。因此，监管机构应从短期和长期两方面着手，在风险调控的同时，对银证合作业务进行合理规范和引导，将其纳入金融改革的整体规划。

## 1. 在短期，对银证合作通道业务在总体增加监管力度的同时，侧重其标准化和透明度管理，防范流动性和信用风险

从银行角度，2013 年 3 月，银监会发布了《关于规范商业银行理财业务投资运作有关问题的通知》，对商业银行理财资金投资于"非标准化债权资产"业务作出了限额管理规定。同时，监管当局提高理财产品的透明度，也明确商业银行不准为非标准化债权资产或股权性资产融资提供任何直接或间接、显性或隐性的担保等。这些措施的方向是正确的。然而是否能有

效防范流动性和信用风险还有待观察。

从证券机构角度，2013年3月，证监会发布了《关于加强证券公司资产管理业务监管的通知》，要求证券公司与其他机构合作开展的资产管理业务注意风险管理、明确权利和义务。尽管证监会没有明文禁止通道业务，但这有助于抑制通道业务的进一步扩张。特别是对本来在通道业务模式中缺乏主动性的券商来说是一种引导。事实上，激烈的同质化竞争使得现阶段银证合作的"纯通道"类业务的费率降至万分之五的微利甚至无利润水平。从监管者角度讲，以规制引导证券机构实现盈利模式的改变，由银行调整资产负债结构的"通道"转变为主动性的、专业的资产管理者，这符合中国金融改革和资产证券化的趋势。

此外，刚性兑付是各种通道业务风险产生的主要原因。针对银证合作通道业务可能暴露出来的风险，应该厘清各参与方的权责关系，明确金融机构应承担的法律责任边界，打破刚性兑付的传统格局，允许风险小范围爆发。

## 2. 发展银行资产管理业务，优化银行理财模式

2013 年 9 月 26 日，经银监会业务创新监管协作部批准，有包括三家国有大型股份制商业银行、七家全国股份制商业银行以及一家城市商业银行在内的 11 家银行，于 10 月份同时开展"债权直接融资工具"和银行资产管理计划两项试点工作。首批试点交易额度为每家 5 亿元至 10 亿元。银行资产管理计划的开启，不但将改变原有银行理财模式，也将对信托、券商、基金子公司等非银行金融机构的业务尤其是通道业务造成重创。如果未来完全放开，通道业务或许将面临消亡。

## 3. 从中长期看，探索金融监管制度性改革

一方面，分业监管容易造成监管真空，刺激规避监管行为的产生。因此，应该通过加快金融大部制建

设来改变目前的分业监管格局，完善监管体系。这一方面有助于解决由分业监管造成的市场割裂与监管标准不统一的问题，降低监管真空与制度套利的空间；另一方面能够避免由于多种监管政策叠加给银行造成过高的合规成本。

另一方面，分业经营阻碍市场进一步融合和深化。中国银行业、股票市场和债券市场的分化与中国金融发展历史有关，但在分业监管格局下进一步有所强化。监管部门应努力改变市场分割的格局，通过推动市场整合来提高整体流动性。未来，资产证券化将打破银行和资本市场之间资金流动的屏障，激活社会存量资金，推动中国混业经营。

## 4. 大力发展资产证券化

随着利率市场化改革的不断深入，银行理财产品将面临来自传统存款业务和其他投资品的竞争。同时，监管环境不断收紧，特别是银行资产管理业务的开通，银证合作通道业务的市场份额必将萎缩。但这并不意味着银证合作的终结，特别是随着资产证券化的发展，其将为我国银行与证券市场之间的中间业务和融资业务带来巨大的发展空间。从银证合作的完整定义出发，银证全方面业务合作范围包括：第三方存管业务；资产证券化业务；债券回购业务；融资业务；理财业务以及其他创新型业务。这其中，资产证券化业务应该是未来中国银证合作的主要形态①。

发展资产证券化，首先需要政策推动。2005 年，银监会颁布《信贷资产证券化试点管理办法》，标志着中国资产证券化的起步。然而此后的证券化进程一波三折。特别是在 2009 年至 2011 年期间，受美国次贷危机爆发影响，中国的资产证券化步伐一度停止。直到 2012 年 5 月，央行才决定重启资产证券化。2013 年 8 月，国务院总理李克强召开国务院常务会议，决定进一步扩大信贷资产证券化试点。据相关媒体报道，中国的信贷资产证券化额度可能从当前的 500 亿元扩

---

① 张明、邹晓梅、高蓓：《中国的资产证券化实践：发展现状与前景展望》，《上海金融》2013 年第 11 期。

大至3 000亿元人民币[①]。

推动资产证券化，其次需要市场动力。资产证券化作为一种重要的金融创新，其市场潜力来源于几个方面。一是能够使得金融机构将流动性较差的信贷资产剥离出资产负债表，增加资产流动性，扩大信贷供给能力；二是有助于金融机构分散投资风险，降低融资成本；三是为投资者提供多样化的投资工具，满足投资者不同的风险偏好；四是为投资银行和保险公司等非银行金融机构提供新的收入增长点。

# 六　结语

银证合作的兴起和发展既有特定的制度背景，也有适宜的市场环境。

一方面，与其他影子银行形式相似，银证合作作为

---

① 参见《第一财经日报》2013 年 10 月 21 日报道《新一轮信贷资产证券化额度3 000亿亟待"转正"》。

金融创新在本质上是一种监管套利。受存贷比、资本充足率和存款利率管制等限制，银行始终存在将资产负债移出表外的冲动。而当传统的银信合作之信贷和票据类通道业务受到新的监管规则约束之后，证券公司取代信托公司，与银行建立起的这一新型合作关系，既保证了银行扩大贷款和维持盈利，又有效规避了监管。

另一方面，市场条件变化是银证合作的基础。伴随着银行理财产品日益激烈的竞争，银行需要更宽泛的放贷渠道；而持续低迷的资本市场，迫使证券公司开拓新的收入来源。银行与券商在共同的时点找到共同的利益诉求，银行通过票据、信托计划、银行存量金融资产、委托贷款、应收账款和资产收益权等类定向资产管理业务实现贷款表外化；券商则增加了证券公司的定向资产管理规模，并以通道服务收取佣金。

银证合作通道业务作为规避监管的一种金融创新行为，在特定时期实现了银行对实体经济的资金支持，客观上倒逼金融改革步伐的加快，助推中国利率市场化、银行资产管理业务和资产证券化进程。

然而，与其他影子银行相似，银证合作存在期限错配、游离于常规监管体系之外、产品信息不透明、损失分担不明确等特点。而且由于券商介入，这使得影子银行系统风险链条又增加了一环。

从中国金融业改革全局出发，银证合作与其他中国式影子银行一样，是未来真正意义的资产证券化进程中的一种过渡形式。为了化解这一过渡期的风险，我们建议，短期内，监管机构在总体增加监管力度的同时，侧重其标准化和透明度管理，防范流动性和信用风险；同时在银行经营模式中鼓励发展银行资产管理业务，优化银行理财模式；在中长期，中国应探索金融监管制度性改革，比如重新思考分业监管模式，以减少市场分割。

从长期战略看，真正意义的资产证券化是未来中国银证合作的主要形态。随着利率市场化改革的不断深入，特别是银行资产管理业务的开通，现有的银证合作通道业务的市场份额必将萎缩。但通道业务萎缩并不意味着银证合作终结。在银证各种合作形态中，资产证券化将为银行与证券市场之间的中间业务和融资业务带来巨大的发展空间。

《中国影子银行体系研究报告》之分报告四

# 中国城投债:特征、风险与监管

刘东民

**摘要:**中国城投债募集资金基本用于基础设施和公用事业建设,社会效益相当显著。在中国政府大力推动城镇化的背景下,未来中国城投债市场还有较大的增长空间。目前中国城投债市场尚不存在系统性风险。与美国市政债相比,中国城投债无论是绝对规模还是相对规模都较小。大多数地方政府具有偿还城投债的财政实力。零违约记录和收益率错配是城投债的主要潜在风险。某些中西部地区未来有可能出现地方财政难以支付城投债本息的情况，从而发生局部风险。相关政策建议包括：允许城投债出现局部违约、要求城投债发行主体所在省份的投资者持有一定比例的该项债券、把城投债转变为真正的地方政府债。

**关键词：**城投债　准地方政府债　影子银行　金融监管

# 一　城投债的概念与基本特征

根据《中华人民共和国预算法》规定，"除去法律和国务院另有规定外，地方政府不得发行地方政府债券"。目前，少量的地方政府债券都是由国家财政部代发。在这样的背景下，事权大、财权小的地方政府，普遍面临较为严重的财政压力，不得不另谋融资渠道，于是城投债就成为了重要的融资方式。

城投债是一种企业债,其发行主体是地方政府绝对控股的国有企业,通常都是地方政府融资平台,如"市投资开发公司"、"市资产运营管理公司"等,或者是公用事业运营管理企业,如"市水利公司"、"市能源集团"等。这些企业所发行的期限在一年以上的企业债券,就被称为"城投债"。实际上,银行贷款、城投债和信托产品,是当前地方政府融资平台最重要的三种融资工具。在银行贷款日益受到严格监管的背景下,城投债的价值越发凸显出来。

城投债具有以下几个基本特征:

第一,城投债所募集的资金都用于基础设施和公用事业建设,它们的产出是典型的公共产品。实际上,虽然城投债的发债主体是企业,但是这些企业都承担了政府在市政建设方面的核心职能。对于像中国这样的发展中大国,基础设施建设的任务很重,政府在其中的推动作用也是必不可少的,因此,城投债的责任重大,其社会效益相当显著。

第二，大多数城投债所投资的项目经济效益不高，需要政府补贴才能确保还本付息。正是由于城投公司肩负着帮助政府推动基础设施建设的重任，它所投资的项目大多不具有显著的经济效益，仅靠项目本身的收入难以还本付息。因此，地方政府想出各种办法为城投公司增收增信，譬如，赋予城投公司某项特殊的开发经营权，以确保其获得持续稳定的高收益（但是这项经营权未必属于城投债的募投范围，即城投公司是通过其他项目的高收益来补贴发债项目）；市政府提供隐性担保，如提供政府应收账款质押（2010年以前这是较为普遍的做法），或者政府与城投公司针对某个项目签署 BT 协议，该项目建成后由政府回购，政府支付的回购资金作为城投债的还本付息保证；市政府给城投公司划拨土地作为发债担保，等等。

第三，与银行贷款相比，城投债具有某些优势。首先，在中央加强对地方政府债务风险监管的背景下，地方融资平台获取银行贷款的难度明显增加，而城投债的申请条件总体呈缓慢放开趋势。其次，中高评级城投债的融资成本低于银行贷款①,这对于地方政府的吸引力很大。最后,城投债募集的资金,完全掌握在发债公司手中,使用十分灵活,可以替政府"补窟窿",而银行贷款的使用却受到严格监控,难以"挪用",这同样对地方政府产生强大的吸引力。

第四,城投债的发行规模主要受制于地方政府的财政收入,因此表现出明显的"马太效应"。城投债是公认的准地方政府债,国家发改委在审批城投债时,考察的第一指标就是该地区的政府一般预算性收入。财政收入越高的地区,城投债越容易获批,其发行规模也越大,反之亦然。因此,这就形成了典型的"马太效应":越穷的地方,越难发行城投债;越富的地区,越容易通过城投债募集资金。从这个意义上讲,

---

① 造成商业银行贷款利率高于城投债利率的原因主要有三个:首先,我国存在贷款利率下限管制,这直接导致贷款利率的高企。其次,由于商业银行对企业债券的投资不纳入贷款规模和存贷比管理,使得银行业大规模投资企业债,压低了企业债利率。最后,城投债实际上就是中国地方政府债,存在政府的隐性担保,信用风险低,因此融资成本比较低。

城投债对于地方政府是"锦上添花",而不是"雪中送炭"。

# 二　城投债的发展形势

### 1. 2008 年后城投债出现两轮井喷式增长

2009 年,为了配合 4 万亿的刺激政策,国家发改委为城投债放行,地方政府的强烈融资需求立刻得到释放,城投债的发行额与发行数量分别比 2008 年增加了 215% 和 241%。随后,为防止经济过热,国家发改委对城投债发行规模进行了控制,2010 年和 2011 年的城投债发行规模均略低于 2009 年。2012 年,保增长的任务又摆在了政府面前,于是城投债再次出现井喷,新增发行额达到 5 144 亿元,新增发行数量为 438 只,分别比 2011 年增长了 143% 和 150%(见图 5.1)。截至 2013 年 1 月 18 日,未到期的城投债数量为 1 444 只,未清偿余额为 18 397 亿元。从城投债发行规模的变化可以清楚地看出，与银行贷款、理财产品和私募基金等融资工具相比，城投债是一种深受政府调控的金融工具，中央政府对城投债的发展拥有轻松和完整的控制权。从发展趋势来看，由于城镇化已经成为中国未来经济增长的核心动力，作为基础设施融资最重要工具之一的城投债，必然还会有很大的发展空间。

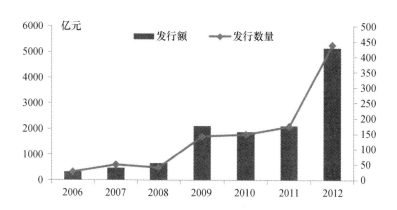

**图5.1　城投债新增发行额与发行数量**

资料来源：Wind，作者的整理。

## 2. 城投债成为企业债的绝对主体

城投债是企业债的一种。中国的企业债还包括央企、民企和外资企业发行的企业债。在 2008 年以前，城投债发行规模在企业债中的占比不到 50%，而央企债是企业债的主导。但是，2009 年之后，这一形势彻底发生了改变，城投债迅速成为企业债主体，发行规模占比始终超过 60%，2011 年更是高达 84%（见图5.2）。相比于城投债的高速发展，央企债的比例呈显著下降趋势。民营和外企企业的发债规模虽然也在增长，但是与城投债无法相提并论。城投债在企业债当中一枝独大的主要原因有两个：首先，地方政府融资需求年年高涨，想发行且能够发行城投债的地方融资平台数量不断增加，而央企数量稳定，发债需求不会出现持续增长。其次，地方政府能够为城投公司提供各种显性和隐性的帮助，使其快速达到发债标准，而民营和外资企业无法借助政府的力量，大量企业短期内无法满足发债要求。

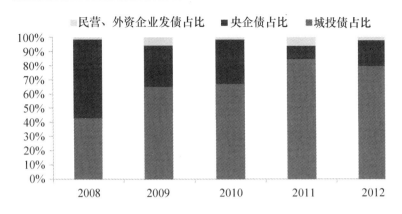

**图 5.2　各类企业债发行规模比较**

资料来源: Wind, 作者的整理。

## 3. 发债主体信用评级逐步下移, 无第三方担保比例持续上升

城投债的信用评级包括对发债主体的信用评级和对债券自身的信用评级两项。评级的依据, 主要在于发债企业的资产规模、营利水平、募投项目的经营前景和偿债能力等几个方面。随着城投债发行数量的增加, 发债主体的信用评级逐步下移, 而无第三方担保的债券比例持续上升。2006 年, 发债主体信用评级低

于 AA 的比例仅为 7.1%，而到 2012 年上升至 24.4%。无担保城投债的比例则从 2006 年的 0 迅速上升到 2012 年的 78.5%。一方面，说明城投债的风险在逐步增加；另一方面，也是金融市场化改革不断深入的必然结果。在市场经济条件下，金融资源总是先配置到最优质的企业，然后逐步向下延伸。金融市场化改革的过程使得更多的市场主体获得金融支持，所产生的市场风险也会由各种金融指标揭示出来，供投资者判断。

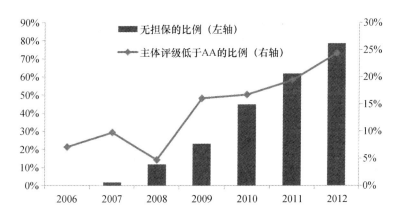

**图 5.3　城投债信用评级与无第三方担保比例**

资料来源：Wind，作者的整理。

在上述两个指标中，无第三方担保的比例更值得关注。首先，对投资者而言，一只无第三方担保的债券，其风险通常要高于有第三方担保的债券。其次，也是关键的一点，对于城投债而言，其担保人大多是当地或者上一级政府旗下的国企，在通常情况下，各级政府都会积极推动这些国企为城投债担保，以增强债券的评级，降低融资成本①。近年来无第三方担保债券比例的急速攀升，说明当地的国企对于发债企业的风险存在担忧。金融市场信息不对称的现象十分显著，外部人存在信息劣势。当地企业对城投公司的了解，肯定超过其他地区投资人（甚至包括评级公司）对该企业的了解。因此，无第三方担保比例的快速上升表明近年来城投债市场整体风险的累积速度是比较快的②。

---

① 担保公司通常不会为城投债提供担保，因为城投债发行规模一般都在 10 亿元左右，甚至高达数十亿元，多数担保公司不愿意也没有能力提供如此规模的担保。

② 缺乏第三方担保也有可能是其他原因造成的。譬如，当地国有企业的担保能力已经被耗尽，无力再为城投债提供担保，这从另一个侧面反映出当地政府的债务负担可能已经较重，因而以政府信用为背书的城投债也具有较高风险。

# 三　城投债案例分析

本报告以某市发行的城投债为例（简称为 A 城投债），具体剖析城投债的发行模式。

## 1. 债券发行过程

A 城投债发行规模为人民币 10 亿元，期限六年，为固定利率债券，采用单利按年计息。该债券无第三方担保，无应收账款抵押，发行主体评级和债项评级均为 AA，实际发行时的票面年利率为 8.6%。债券融资全部用于该市的道路建设。

A 城投债的发行主体——某市国有资产运营管理公司，于 2009 年与证券公司、评级公司合作，设计了城投债发行方案，并上报国家发改委财金司。由于相继遇到中央政府防止经济过热的宏观调控和对城投债的监管改革，直到 2011 年底才获得国家发改委的批准，最终于 2012 年初发行成功。从城投债项目设计到最终发行历经三年多的时间，这在中国城投债发行史上并不多见，通过这一点可以看出，国家发改委对于城投债的发行具有较为严格的监管，是完全配合中央对宏观经济调控要求的。

图 5.4 显示出 A 城投债的发行模式，这也是中国城投债的标准发行模式。在城投债的发行过程中，除去国家发改委作为监管部门对债券进行审批外，推动城投债发行的主要单位有三家：市政府、证券公司和评级公司，其中市政府处于核心地位。

通常而言，作为发债主体的地方投融资平台（国有企业），往往不具有发债的决定权，因为中国大多数地方国有企业无法依靠自身的力量发行企业债。只有当市政府有了明确的发债意愿，并为这些企业提供各种强有力的支持，如资产划转、财政补贴、项目扶植、协调第三方担保等等，地方国有企业才有可能满足发行城投债的条件。

根据国家发改委不成文的意见，中国的省（直辖市）、地级市和百强县下属的国有企业都有资格申请城

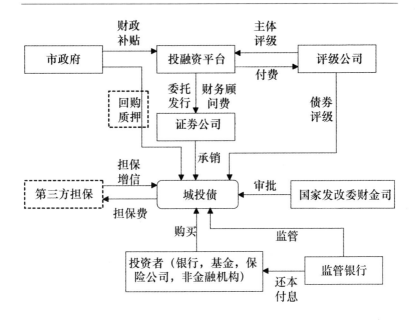

**图 5.4　城投债发行模式**

投债的发行，这是根据当前中国地方政府的财政实力设计出来的监管原则，可谓简洁而实用。因此，一旦符合该规定的地方政府决定发行城投债，剩下的工作实际已经没有太多的障碍，最多只是发债规模和融资成本的问题。地方政府会选择一家证券公司为发债主体设计城投债发行方案，并由该证券公司作为债券的主承销商。与此同时，证券公司将邀请一家评级公司对发债主体进行两项信用评级：主体评级和债券评级。

在地方政府给予发债主体大力支持的情况下，通常信用评级都会达到国家发改委的最低要求。

为了进一步提升信用评级，从而降低债券发行利率，地方政府都会想尽办法为城投债提供各类增信担保措施。A城投债在设计之初采取了两项信用增级措施。一是由本市另一家政府的投融资平台——城市建设公司提供全额无条件不可撤销的连带责任保证担保。二是由市财政资金回购发债主体参与实施的数个道路建设项目（这被称为BT项目的回购），并由发债主体、债务人（市财政局）、监管银行、质押权代理人（证券公司）共同签署《应收账款质押合作协议》，将财政局的回购资金作为应收账款质押在监管银行。一旦本期债券发行人出现偿债困难，监管银行将使用质押资金来偿还债务。

上述两项担保增信措施在以往的城投债发行中普遍使用，但是，A城投债最终却未能采用这两项措施。原先愿意提供担保的城市建设公司自身也想发行城投债，由于发现国家对城投债的监管越来越严，担心为其他公司提供担保会影响自身的债券发行，因此在最后阶段拒绝为 A 城投债进行担保。应收账款质押模式的放弃，则是因为 2010 年 8 月国家发改委明确要求，不再允许城投债利用这一担保模式。由于无法采取担保增信措施，A 城投债的主体评级由原先的 AA＋降为 AA，最终的发行利率高达 8.6%，比预想的高出至少 1 个百分点。尽管如此，市政府对于 A 城投债的高成本发行仍然非常满意，因为它带来了极其宝贵的 10 亿元基础设施建设资金，而市政府相信，这些资金的投入使用所产生的综合经济增长效益和社会效益将显著超过 8.6% 的融资成本。

## 2. 地方政府支持城投债发行的操作方式

地方政府支持城投债发行的具体操作方式主要表现在，通过行政手段和财政支持帮助企业实现良好的经营业绩并建立较为坚实的偿债机制。从 A 城投债的发行过程，我们可以清楚地看出地方政府为实现上述目标而作出的努力。

A 城投债的发行主体——某市国有资产运营管理

公司,成立于2004年,注册资本9 112.31万元,是由
市政府出资设立的国有独资企业。作为城市建设投融
资主体,该公司的主营业务集中于四个板块:土地整
理及工程代建、工程施工、房屋出租与征地拆迁。这
四个板块的运营收益都不算高,但是公司在最近几年
的发展速度却非常快,这主要得益于市政府不断将国
有资产无偿划拨给公司,从而实现公司资产的快速扩
张。仅2008年,市政府就将两家公园、一家农贸市场
综合楼、一家商贸楼、一条道路等多项资产注入公司。
2006年至2008年,公司总资产分别为16.56亿元、
20.71亿元和50.46亿元,三年复合年化增长率高达
74.56%。资产规模的扩张为企业获得良好的信用评级
奠定了至关重要的基础。

在帮助企业实现资产扩张的同时,市政府还为企
业改善经营效益提供了可观的财政支持。2006—2008
年,市政府每年都从财政预算中拨出8 000万元,作为
该企业参与市政工程建设的成本支付,这等于是为企
业提供了财政补贴,从而大幅提升了企业的净利润。
实际上,该企业在发债前三年(2006—2008年)的年

平均净利润为8 967万元。

为了确保企业未来能够偿付债券的本息，市政府建立了专项偿债基金，资金来源主要是企业未来的土地出让收益。该企业在市政府的帮助下，已经完成土地收储约3 000亩。市政府下文批准企业未来可以将土地出让收益的25%留存并进入专项偿债基金，这既改善了公司的经营现金流，又保证了城投债的偿付。

综合来看，市政府通过国有资产注入、财政补贴和偿债资金安排，大大增强了企业的综合经济实力，并为公司债务的偿还提供了有力保障。

从政府对城投债项目的大力支持可以清楚地看出，城投债实际上就是标准的地方政府债，它是以地方政府的财政实力做担保的。只要中国地方政府的财政收入能够实现稳步增长，城投债就不会出现大面积违约的问题。

# 四　中国城投债与美国市政债的比较

美国的市政债券，是由美国地方政府（州、市、县）及其代理机构发行的地方政府债。最早的美国市政债是由纽约市政府于1812年为开凿运河而发行的债券。到目前为止，美国已经形成了全球规模最大、监管较为完善的市政债券市场。在融资职能和信用来源等方面，美国的市政债和中国的城投债高度相似：二者都是为地方政府的基础设施和公用事业建设融资，都是以政府信用做背书。但是，两者也存在诸多差别。对二者进行比较研究，会得出很多有益的结论。

## 1. 发行规模

在对发行规模进行中美比较时，本报告将中国财政部代发的地方政府债与城投债合计考虑，因为二者在实质上都是地方政府以发行债券方式进行的融资，这与美国市政债具有可比性。中国由财政部代发的地方政府债规模，截止到2012年底达到6500亿元，加上1.84万亿元城投债，合计为2.49万亿人民币（0.4万亿美元），而同期美国市政债券规模为3.72万亿美元，从绝对规模上比较，中国仅为美国的10.6%。从债券余额与GDP占比来看，美国市政债占GDP的比例为24.5%，中国为4.9%；从债券余额与地方政府财政收入占比来看，美国市政债占美国地方政府财政收入的比例为111.1%，中国为42.2%（图5.5）。可以看出，中国城投债的市场规模远远小于美国市政债。

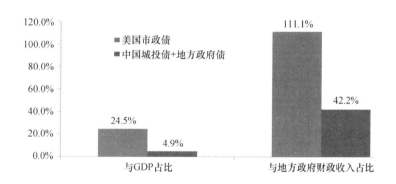

图5.5    中美两国地方政府债券融资规模比较

资料来源：WIND，SIFMA及作者的计算。

如果分析中美两国债券市场的构成，可以发现，中国城投债和美国市政债在各自国家债券市场的占比处于相似的水平（图5.6）。上文已经指出，中国企业债的大部分是城投债，因此可以用企业债的规模近似代表城投债。目前企业债在中国债券市场的占比为7.4%，如果加上地方政府债，两项合计占比9.8%，而美国市政债在美国债券市场占比为9.9%（图5.6）。

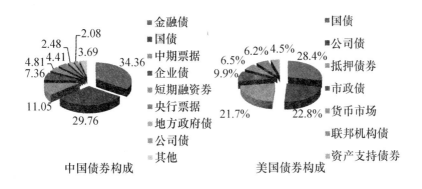

**图5.6　中美两国债券构成比较①**

资料来源：WIND，SIFMA 及作者的计算。

---

①　美国债券构成中的"联邦机构债"，是指房利美、房地美等联邦政府所有的金融机构发行的债券，"货币市场"包括短期融资券、银行票据等。

美国的金融市场高度发达，可以看作金融自由化已经完成的典范。中美两国地方政府债券在全部债券市场的占比十分接近，说明与国内其他债券工具相比，中国城投债的发展速度相当快，其市场占有率已经达到金融最发达国家的水平。城投债在规模上与美国市政债的差距，主要反映出中国债券市场整体发展不足，规模太小。从这一点上来看，中国城投债未来的发展，应是跟随中国债券市场整体发展的节奏，而不是作为明星债券的单兵突进。

## 2. 期限结构

美国市政债的发行期限从 1 年到 30 年甚至更长时间不等，以长期（超过 10 年）债券为主。根据中国债券信息网数据显示，2012 年 12 月美国市政债平均到期期限为 16.5 年。中国的城投债，最短期限为 5 年，最长达到 20 年。但是，超过 10 年（不含）的城投债大多是 2007 年以前发行的，近几年城投债的发行期限基本集中在 5—8 年，其在全部城投债中的占比高达 82.7%，城投债中短期化的趋势较为显著。根据 WIND 数据进行的统计表明，2012 年底，中国城投债的平均到期期限是 5.7 年，仅为美国市政债平均到期期限的 35%。

表 5.1　　　　　　　　城投债期限结构

| 发行期限 | 5—8 年 | 10 年 | 13 年、15 年和 20 年 |
|---|---|---|---|
| 发行数量（只） | 1194 | 209 | 41 |
| 占比（%） | 82.7 | 14.5 | 2.8 |

资料来源：Wind，作者的整理。

城投债发行期限偏短的原因可能有两点。首先，中国的证券市场到目前为止缺乏真正的长期投资者，市场对长期债券的需求不足。不论是机构投资者，还是个人投资者，都带有较强烈的投机倾向，这反映出投资者的不成熟。其次，这也说明中国证券市场的信用体系建设存在较大缺陷，城投债发债主体的长期信用得不到市场认可。

## 3. 投资者构成

中国城投债和美国市政债的投资者构成表现出很大差别（图5.7）。城投债的最大持有者是商业银行和基金，二者持有比例分别达到31.0%和24.8%，几乎没有个人投资者购买城投债①。与此形成鲜明对比的是，美国市政债最大的持有者是个人，占47.1%，其次是共同基金和保险公司，银行持有比例仅为10.3%。之所以个人成为美国市政债的最大投资者，其原因在于美国从联邦政府到地方政府都对市政债的投资收益采取免税政策，这对大量美国富人和中产阶段产生了极大吸引力。中国的城投债并不存在类似的投资收益免税政策，所以对个人的吸引力不大。

---

① 截至2012年12月底，在1.84万亿元的城投债余额中，个人投资者仅持有0.61亿元，占比为0.003%。

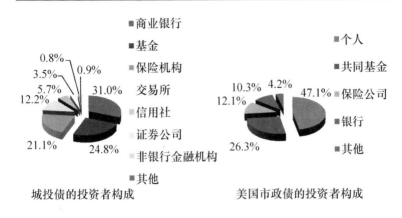

**图5.7　中国城投债和美国市政债的投资者构成**

资料来源:中国债券信息网。

目前,我国中央政府正在加强对地方政府债务风险监控,商业银行对地方融资平台贷款的规模有所紧缩,但是与此同时,银行却成为城投债的最大持有者。换言之,银行以城投债替代贷款,继续为地方政府融资。从整体上看,这种融资模式的转化还是在一定程度上降低了银行风险,因为城投债背后的政府信用毕竟要高于贷款背后的商业信用。值得注意的是,外资银行持有城投债的比例极低,仅占1.0%。本报告认为,这是外资银行低估了中国地方政府偿债的能力和信用。

表5.2　　　　　　　城投债的银行持有结构

| 全国性商业银行 | 城市商业银行 | 农村商业银行 | 农村合作银行 | 外资银行 | 村镇银行 |
|---|---|---|---|---|---|
| 61.9% | 20.1% | 15.8% | 1.1% | 1.0% | 0.1% |

资料来源：中国债券信息网。

## 4. 偿债机制

中国的城投债，作为一种企业债，严格来讲，其还款来源是城投公司未来的运营收益。有些城投债拥有土地抵押担保或者第三方担保，这些担保都可以成为还款来源。由于存在政府的隐性担保，实际上城投债最坚实的偿债机制是政府的财政收入——这在中国是众所周知的。正是在这个意义上，城投债成为一种准地方政府债。

美国的市政债券分为一般责任债（General Obligation Bonds）和收益债（Revenue Bonds）两类。一般责任债没有任何实质性的资产担保，通常也不对应具体的项目①，它们完全由美国地方政府的信用和征税权做保证，以地方政府的财政收入作为还款来源。收益债是一种针对具体项目所发行的市政债，它类似于中国的城投债，需要由项目的预期收益作为还款来源。因此收益债的风险要高于一般责任债。另外，美国绝大部分州政府，都建立了偿债基金，其资金来源是市政债项目带来的税收增加值。偿债基金实际上就成为美国地方政府为收益债提供担保的重要资产。但是，偿债基金并不能覆盖所有收益债的还本付息。

由于美国一般责任债的还款来源被明确设定为地方政府的财政收入，因此只要地方政府有足够的财政实力，它就可以脱离项目而发债，这是美国一般责任债相比于中国城投债的最大优势。城投债在法律上是一种企业债，它必须由企业法人依托项目才能发债，因而对中国地方政府的债券融资产生了一定的限制。譬如，目前各地政府在土地储备方面的资金投入很大，

---

① 一般责任债中也有部分对应具体项目的，但是数量较少。对应具体项目的一般责任债，其还款来源就会有一部分来自于项目收益。

但是由于土地收储阶段不存在任何具体的开发项目，因此地方政府无法发行土地储备债券。

## 5. 违约率

违约率差异可能是美国市政债和中国城投债之间最重要的差异。

根据纽约联邦储备局的统计，从 1970 年到 2011 年，美国市政债违约数量高达2 521例，而从 1986 年到 2011 年，就有2 366例违约，即从 20 世纪 80 年代中期以后，美国市政债违约案例明显增多（Jason Appleson，Eric Parsons，and Andrew Haughwout，2012）。美国市政债是公认的安全性资产，其安全性程度仅次于美国国债，但就是这样的"安全资产"，依然会有年均91 例的违约事件发生。金融市场总是有风险的，安全资产仅仅是违约率较低的资产，而不是零违约率的资产。

中国城投债市场到目前为止尚未出现一例实质性违约。2011 年 4 月，云南省政府决定对其最大的省级投融资平台——云南投资集团进行资产重组,将旗下的电力企业划拨给云南省能源集团。由于云投集团已经发行了两只城投债,资产重组可能会影响云投集团的偿债能力,所以城投债市场出现了紧张情绪。最终,在国家发改委的干预下,云南省政府取消了重组决定。由山东潍坊市人民政府实际控制的上市公司山东海龙,由于经营长期恶化,从2011年下半年开始到2012年3月,企业评级连续下降,主体评级从A+降为CCC,其发行的短期融资券债项评级也降为C级,成为近年来中国债券市场罕见的C级垃圾债。由于逾期巨额贷款难以偿还,该公司已深陷诉讼。市场普遍认为,海龙于2011年4月发行的为期366天、数额为4亿元的短期融资券,到期肯定无法还本付息,海龙将成为中国债市第一家违约企业。但是,潍坊市政府最终出手相救,为海龙制定了还本付息方案①,最终海龙如期还

---

① 潍坊市政府救助海龙的具体细节始终处于保密状态。据市场普遍估计,是潍坊市政府协调了当地银行,由银行为海龙发放了新一轮贷款,确保了海龙对短期融资券的还本付息。

款，中国企业债市场保住了零违约的纪录。

# 五　城投债的风险评估

## 1. 城投债市场尚不存在系统性风险

本报告认为，目前中国的城投债市场尚不存在系统性风险。首先，不论城投债的绝对规模（未清偿余额），还是相对规模（未清偿余额与 GDP 和地方财政收入的占比），与美国市政债相比都还处于很低水平。美国的市政债目前存在着评级下调的风险，但是还没有爆发系统性危机，而中国城投债的安全性要比美国高出很多。其次，中国 GDP 和财政收入的较快增长都保证了城投债具有足够的偿债能力。中国地方政府的负债率近年来确实增长较快，但是较高负债率并不必然意味着会爆发系统性危机，还要看资产方的收益率，收益率高就还得起债务。中期内中国的 GDP 增速、地方政府财政收入增速依然有望保持全球较高水平，在这种情况下，多数城投公司会实现较高的投资收益率（虽然很多城投债项目的投资收益较低，但是地方政府通常会让城投公司经营一些高收益项目，以确保城投债的还本付息），因而具有足够的偿债能力。即使部分城投公司出现经营困难，财政收入快速增长的地方政府，也完全有能力根据城投债发行时各项法律文件所规定的政府责任，为城投公司埋单①。因此城投债出现大面积违约的概率很低。

## 2. 零违约和收益率错配是城投债主要的潜在风险

中国城投债的零违约，受益于两方面因素。首先，过去几十年中国经济高速增长，地方政府融资平台的投资收益较高，大多数确实可以通过企业自身的运营

---

①　这里所说的地方政府为城投债埋单，是指政府按照当时发行城投债时各项法律文件所约定的偿债机制为城投债埋单，而不是像山东海龙事件那样，地方政府在事后为防止债券违约而采取的"救市"措施。

收益来还本付息。其次，政府的"救市"也是城投债零违约的重要保证。事实上，即使是城投公司自身的成功运营，在很多时候也是得益于政府对国有企业的特殊支持。全球公认的安全性仅次于美国国债的美国市政债市场，平均每年有91例违约事件发生。而中国城投债从1992开始发行至今，没有出现1例违约。表面的"安全"实际上阻碍了城投债市场的健康发展，扭曲了城投债市场的风险管理机制。之所以目前中国的机构投资者热捧城投债，就是在于他们普遍认为，政府会为城投债违约埋单，投资者不会遭遇损失。这种预期会增强投资者的非理性，引发羊群效应，催生道德风险，从长期来看容易导致系统性偏差。

另外，大多数城投债所投资项目的直接经济效益不高，仅靠项目本身难以还本付息，存在收益率错配，需要政府补贴才能确保还本付息。作为准地方政府债的城投债，本身就是靠政府信用做担保的，因此，整体上而言，收益率错配并不是大问题。但是，某些中西部地区，由于地方财政较为困难，这些地区的城投债收益率错配就有可能在未来出现偿债困难，从而发生局部风险。

# 六　城投债的监管改革

总体上讲，近年来国家发改委对城投债的管理是比较有效的。一方面，为配合宏观经济调控的需求，发改委对城投债的发行规模进行总量控制并随时进行调整，既在一定程度上满足了地方政府的融资需求，完成了"保增长"的任务，也防止了城投债融资规模的过快增长。另一方面，发改委不断完善监管细节，提升了对城投债的监管水平，降低了城投债的潜在风险。2010年8月，发改委终止了地方政府利用应收账款质押来为城投债增信的做法。2012年12月，国家发改委又发布了《关于进一步强化企业债券风险防范管理有关问题的通知》，从资产负债率、偿债保障、募集资金投向、担保、评级、资产注入等八个方面对企业债的发行进行了相当细致的规定。

伴随城投债市场的快速发展，城投债的风险也在不断累积。虽然这是金融市场化改革的必然结果，但是它也对监管层提出了更高的要求。本报告提出三点监管改革建议。

首先，要允许城投债出现局部违约。没有风险的金融市场不是真正的市场。允许城投债局部违约，能够强化债券市场的风险管理机制，提升投资者的风险意识，防范道德风险和系统性危机。山东海龙事件，本应为企业固定收益类融资产品的违约提供一个"范例"，却被地方政府的救市行为将市场风险所掩盖，这是十分可惜的事情。未来中央监管部门应该明确，不允许地方政府采取事后补救的干预措施来防止包括城投债在内的固定收益类产品违约。

其次，应要求城投债发行主体所在省份的投资者持有一定比例的该项债券，以防止出现过于严重的信息不对称问题。近年来发行的一些信用评级较低的城投债，当地投资者（如银行、保险公司和非金融机构）都不购买，购买者全部都是其他省份的投资者，这实际上是金融市场由于信息不对称而出现的"本地偏差"。当地投资者对发债主体更为了解，信息掌握较为完备，因此对项目赋予较高的风险权重。而外地投资者掌握信息较少，出现"无知者无畏"的现象，积极购买自己并不了解的城投债。国际上曾经有人建议，为降低市政债券的风险，市政债只能由当地投资者持有。这种做法过于苛刻，不仅大大抑制了债券市场的融资规模，也削弱了金融市场分散风险的能力。因此，本报告建议，可以要求城投债发行主体所在省份持有一定比例（如不低于债券发行额的20%）的债券。

第三，从中长期发展来看，应该把城投债转变为真正的地方政府债，让地方政府成为明确的债券发行主体，这不仅能够扩大地方政府的债权融资能力，促进中国的城镇化建设，还能够强化地方政府作为债务主体的责任，从总体上提升地方政府的信用管理水平。当然，地方政府自主发行政府债券，需要中国在财税体制改革方面迈出较大的步伐，并在债务风险管理方面提升监管水平，因此可能难以在短期内实现。

## 参考文献：

1. Jason Appleson, Eric Parsons, and Andrew Haughwout, *The Untold Story of Municipal Bond Defaults*, Aug, 2012, Federal Reserve Bank of New York。

2. 刘利刚：《明星城投债背后的风险》，FT 中文网，2012 年 11 月 28 日。

3. 唐春连：《美国市政债券与中国城投债对比》，鹏元资信评估有限公司。

4. 安国俊、林苏阳：《美国市政债偿债机制探讨》，《中国金融》2012 年第 17 期。

《中国影子银行体系研究报告》之分报告五

# 影子银行调研报告[*]

刘东民　邹晓梅

**摘要：** 本课题组于 2013 年 7 月中旬赴西部某省对当地的影子银行体系进行了较为全面的实地调研。经过各方调研，我们发现，宏观经济政策与监管政策的反复调整是影子银行业务快速发展的基本动因。影子银行业务对地方政府保增长、保信用提供了重要支持，但是收益率错配风险是影子银行业

---

* 应被调研方的要求，本报告隐去机构名称及参与调研人员信息。

务中隐藏的最大风险，如果处理不当，将影响中国经济增长和金融市场的发展。我们认为，保持宏观经济政策和监管政策的连续性，并实行地区差异化政策，是改善影子银行监管、防范金融风险的重要保障；推动民营资本进入金融业，打破金融垄断，是促进影子银行良性发展、推进金融改革的关键所在。

**关键词：**人民币理财　信托　影子银行　潜在风险

在前期研究的基础上，本课题组于 2013 年 7 月中旬赴西部某省对当地的影子银行体系进行了较为全面的实地调研，以期更准确地把握中国影子银行发展的现状和面临的问题。

# 一　影子银行业务发展概况：
# 以西部某省为例

　　该省的经济发展水平在西部地区属于中等，但是金融改革的步伐较快且成效显著，同时在2008年危机以来受到国家宏观调控政策的影响也很大，在西部地区极具代表性。因此课题组选取该省进行影子银行调研。

## 1. 理财产品：以省属商业银行为例

　　某省属商业银行对风险的偏好较低。目前，该行对理财产品的监管相对严格，发行规模不大，共计120亿元，占存款规模的15%，低于全国平均水平。该行尚未开展资金池—资产池类业务，发行的理财产品与其基础资产有明确对应关系。通过理财产品募集的资金80%以上投向了标准化债权资产，杠杆率较低。该行通过自有资金来保证理财产品的兑付，偿付性风险较低。该行与信托公司之间的"银信合作"非常少，通过理财产品募集到的资金都存放在资产负债表内，并没有通过与信托公司合作投放到表外。理财产品期限普遍超过 32 天，属于银行表内资产的保证收益型比例较大。总体而言，该行对理财产品的经营相对谨慎，与国内其他股份制银行的激进态度差异较大。该行负责人坦言，发行理财产品的主要目的不是获得融资来源，而是满足客户需求，避免在银行行业竞争中处于劣势。

## 2. 信托产品：以省属信托公司为例

某省国际信托有限公司的业务以资产管理为主，主要资产为信托贷款、股权收益权和应收账款，资本市场配置和融资类信托相对较少。该信托公司从 2010 年左右开始做融资类信托项目，所做的融资类项目都需要相关银行的认可。该信托公司负责人表示他们始终坚持信托的资产管理方向，参与现在所谓主流的融资类模式, 主要是为了维持适当的规模和行业地位。为了控制风险, 该公司规定理财资金不能超过30%。该公司集合信托约占总资产的20%, 利率在10%至11%, 利差在3%左右, 集合信托坚持不作分拆。单一资金信托占比为80%, 主要合作对象是商业银行等金融机构, 利率在5%至6%。该公司表示, 融资成本和对外贷款利率都在下降, 特别是面向大型平台项目的利率整体上处于下降的趋势。目前, 该公司的融资对象以国有企业为主, 占比70%—80%, 其余为民营企业以及资本市场结构化融资。

当前信托业整体风险控制能力较强。首先, 信托贷款的审核标准往往参考银行贷款审核标准, 甚至更高。过去十年间信托业融资企业的信用等级普遍很高, 信托公司可以向董事会派驻董事, 可以全额收押股权。目前全国67家信托公司的信托产品违约率为零。其次, 信托公司有多样化的风险处置措施和缓释机制。再次, 信托公司产品的创新, 譬如"基金化"产品也有利于通过分散投资来控制风险。但是, 信托业面临的一个重要问题是, 几乎每年都在担忧下一年干什么。

也就是说，信托业尚没有一个专属和固定的营利模式。今后，随着金融业混业经营的发展，以及利率市场化改革的不断推进，信托业很有可能不再是一个独立的行业。

# 二　影子银行业务快速发展的动因及其价值

## 1. 宏观经济与监管政策的反复调整是影子银行业务快速发展的基本动因

中国影子银行的高速发展肇始于 2010 年并延续至今。推动中国影子银行发展的因素有很多，如监管套利、金融抑制等，但是，通过各方调研，我们发现，其最根本的动因在于近几年我国宏观经济政策和监管政策的反复调整。

2008 年，由美国次贷危机引发的金融危机全面爆发，为了应对危机，中国政府推出了规模空前的 4 万亿经济刺激方案，其中除去中央财政出资 1.28 万亿元以外，其余资金需要地方政府、金融机构和企业共同出资。为了配合这一政策，金融监管部门取消了对商业银行的信贷额度控制，并敦促后者增加贷款规模。2009 年，中国的信贷增量达到 9.6 万亿元，同比增长 131%，无论是增量还是绝对值都创下了历史新高。信贷飙升虽然保住了短期的经济增长，但也造成了通胀上行、房地产价格飙升和地方融资平台债务高企等问题。为了应对经济过热带来的上述风险，2010 年，央行与银监会开始收紧货币政策，恢复对商业银行的贷款额度控制，并且严格控制商业银行对房地产和地方融资平台的新增贷款。

但是，4 万亿经济刺激政策的后续影响是巨大的，且难以在短期内消除。从地方政府的角度来看，由于大量的投资项目都是周期长、资金需求量大的基础实施类项目，其后续资金需求具有较强的刚性，而宏观经济政策和监管政策的突然收紧使得地方政府必须寻找新的融资渠道；从银行角度来讲，为了保持自身利润增长，并防止不良贷款率上升，银行对房地产和地方融资平台的贷款意愿丝毫没有降低，为了规避监管，商业银行只能借助发行理财产品、开展银信合作和银证合作等方式突破贷存比、贷款额度和贷款方向的限制；从房地产开发商的角度来看，为了防止资金链断裂，也必须从银行贷款以外的地方获得资金支持。在这样的背景下，资金供给方和需求方一拍即合，银行理财和信托贷款等影子银行业务便大规模兴起。在我们所调研的省属及市属投融资平台，其2010年至2011年的主要融资模式就是从银行贷款转变为通过信托模式从银行获取资金支持，期限一般为一年，且利率较传统银行贷款要高。

## 2. 影子银行业务对地方政府保增长、保信用提供了重要支持

课题组经过实地调研后发现，中国影子银行业务对地方政府保增长、保信用提供了重要支持。一方面，

如上文所述，2010年央行和银监会收紧信贷并控制信贷投向，但是，地方政府投资项目周期比较长，资金需求大，且具有一定的刚性，前期信贷膨胀时获得的贷款并不能满足整个项目周期的资金需求。如果没有影子银行向地方融资平台提供后期的资金支持，其资金链就会断裂，那么地方上很多投资项目都将半途而废，成为烂尾工程，对经济增长和就业造成严重损失。某政府融资平台负责人就表示，目前银行已停止对其贷款，且企业债的发行也已经停止，这对企业经营造成了很大的威胁，如果没有影子银行的支持，早就出现资金断裂的问题了。正是通过与影子银行的密切合作，地方政府才获得了宝贵的融资，保障了经济的持续稳健增长。

另一方面，地方政府大部分项目的投资回收周期长，而地方融资平台的贷款大部分在三年左右，资产与负债之间存在期限错配。经过调研，课题组发现，目前地方政府的财政收入还是比较充足的，完全可以应付到期负债的偿还问题，但是，地方政府并不愿意用当期财政收入偿还到期负债，因为这样会压缩地方政府可支配的资金规模，降低投资增速，损害地方经济增长。所以，地方政府倾向于以借新债还旧债的方式来维持信用。某市属投融资平台负责人表示，地方政府信用具有系统性，任何一笔贷款违约都会进入征信系统导致整个系统信用崩塌，因此地方政府违约成本极高。所以说，影子银行为地方政府提供了必要的流动性缓冲，为地方政府保信用提供了强大的支持。

对中国的任何一个地方政府而言，保增长和保信用都是最重要的任务。从这个意义上讲，影子银行的高速发展在近几年当中为地方政府的稳定运作作出了重大贡献。

# 三　影子银行业务的潜在风险

通过调研，课题组发现，收益率错配风险是影子银行最明显的潜在风险。信托贷款的利率普遍高于银行贷款。某省属国际信托有限公司披露，其发放的贷款利率最高可达15%至20%。目前地方融资平台的融资成本一般在10%至11%。地方融资平台募集的资金大部分都用于基础设施和公用事业建设[①]，直接经济效益并不高，仅靠项目本身难以还本付息，需要政府补贴才能确保还本付息。所以，地方融资平台的偿债能力依赖于未来地方经济和财政收入增长速度。但是，随着中国步入经济结构转型期，未来中国经济和财政收入增长能否满足偿债要求，这一问题还有待观察和研究。因此，我们认为收益率错配是中国影子银行最主要的潜在风险。

## 四　政策建议

### 1. 保持宏观经济政策和监管政策的连续性，并实行地区差异化政策

从 2008 年至 2009 年的信贷膨胀，再到 2010 年的

---

[①]　例如，某省属投资集团的投资同时涉及金融领域和实体经济。其中电力行业占据 39%，铁路占 19%，金融行业占 13%，冶金行业占 5%，医疗占 2%，旅游业占 2%。

信贷紧缩，中央政府的经济和监管政策的变化幅度很大。不少地方政府和企业都表示宏观政策的调控方向和力度缺乏连续性，对地方政府和企业的压力过大，反而会造成更大的风险。信贷收缩政策的本意在于防止地方政府债务过快增长，降低金融风险，但是突然的紧缩导致地方融资平台的融资迅速转向影子银行体系，推高了融资成本，反而加剧了收益率错配的风险，这与中央政府的调控目标相背离。某省属商业银行也表示，监管部门针对理财产品的发文过于频繁，商业银行疲于应付，不利于银行制定全面的经营策略。他们希望监管部门能够形成系统的监管框架，增加政策实施的连贯性。银行业需要有系统性的、透明的、持续的监管，给基层明确的政策预期，而不是按葫芦式的监管。

另外，地方政府部门还反映，宏观政策存在一刀切的问题，这忽略了中国地区经济发展的差异性。例如，地方融资平台的作用是通过政府投资拉动地方经济发展，但是中国区域发展不平衡现象较为严重，地方融资平台在东部和中西部的作用并不同。东部地区资金充裕，发展较为充分，地方融资平台的杠杆作用并不明显；而在中西部地区，地方政府融资平台对经济的拉动作用十分显著，以我们调研的省份为例，据测算每单位投资大约可以增加 1.4 单位的经济增长。因此，中央政府应对地方融资平台的监管因地制宜，制定差异化的监管政策，以更好地为中西部地区的经济发展服务，实现我国区域经济的平衡协调发展。

## 2. 推动民营资本进入金融业，打破金融垄断

在全球范围内一个公认的事实是，传统银行业无法对中小企业和技术创新提供足够的支持，而完成这一使命的重要机构之一就是影子银行体系。美国20 世纪90 年代的新经济就是影子银行体系（风险投资、私募股权基金和投行）和资本市场共同推动形成的，欧洲的资产证券化中有相当一部分属于中小企业贷款证券化。但是，当前中国的影子银行体系却是世界上最为特殊的，其运营主体都是国有金融机构（国有商业银行、国有信托公司、国有证券公司、国有保险公司，

等等），其创造的信用也主要投入了国有企业（地方政府融资平台，国有房地产企业以及其他国有企业，民营企业占比相当小），并没有为民营中小企业融资作出应有的贡献。例如，我们所调研的某省属信托公司，自身是国有资本控股，其投资对象以国有企业为主，占比为70%至80%，其余才是民营企业以及资本市场机构化融资。在向地方融资平台提供融资时，该公司要求必须是GDP和财政收入分别超过1 500亿元和100亿元的地级市以上所属的融资平台。作为一种全世界公认的最为灵活、最能承担风险的金融体系——影子银行，在中国却再一次成为国有资本为国有企业服务的工具。

产生这一问题的根源在于，中国的金融体系几乎完全为国有资本所垄断。影子银行是传统国有商业银行为了规避监管而创造的，参与主体仍然是国有金融机构，这导致影子银行的服务对象与商业银行的传统服务对象无异。国有金融机构通过影子银行为国有企业服务，是资源从左口袋向右口袋的转移，是"政治上正确"的抉择；而如果国有金融机构通过影子银行为民营企业服务，一旦出现投资风险，则是国有资产的流失，国有金融机构将承担巨大的问责压力。因此，在以国有资本为主导的中国金融系统，即使是最具创新活力的影子银行也仍然无法解决民营企业融资难的问题。事实上，如果中国的金融垄断格局不能打破，无论是资本账户开放，还是利率市场化、汇率市场化等改革措施，其最终的受益者还是国有企业，民营企业仍然无法享受到金融改革释放的红利。

为了解决上述问题，中国政府应该鼓励和推动民营资本全面进入金融业，彻底打破国有金融机构的垄断，增加金融市场竞争，促进金融体系业务下沉，增强金融服务的可获得性和普惠性。对此，某省金融办负责人表示，未来中国金融改革最大的红利在于民营化，在于突破现有的金融政策和法律体系，打破大一统的金融垄断格局，大力培育民营金融和地方金融组织体系，实现金融组织体系的多元化、分散化和下沉下移。

## 附录一　某省金融办调研座谈纪要<sup>*</sup>

时间：2013 年 7 月 16 日下午 3：00—6：00

地点：某省金融办 1 号会议室

**会议主持**：某省金融办副巡视员陈某，主任助理李某

**参加座谈单位**：某省金融办、某省社科院、人民银行某市中心支行、某省投资控股集团、某省国际信托有限公司、某省属商业银行、某市财政局、某市城建投资开发有限责任公司、中国社会科学院世界经济与政治研究所国际金融中心调研组

**主要发言人员**：某省金融办主任刘某、某省属投资控股集团金融部副总经理马某、某省国际信托有限公司二部总经理贾某、某省属商业银行副行长代某、

---

某市城建投资开发有限责任公司副总经理王某、某市财政局李某和张某、人民银行某市分行处长李某

**调研目标:**调研组承担了中国社科院重大调研项目"中国影子银行体系调研"。课题的研究目的是梳理中国影子银行的发展、意义和问题,并分析如何防范风险和进行有效的监管。目前课题已完成"中国影子银行研究总报告"、"理财产品研究"、"信托业研究"和"城投债研究"四份中期报告。此次在某省金融办的协助下,调研组对某省影子银行体系发展进行调研,并考察有关银行、信托和地方融资平台的发展,同时关注某省与周边国家的金融合作,以及人民币国际化在某省的成功经验。

**座谈内容概要:**参加座谈的企业中,某省投资集团和某市城建开发公司代表影子银行活动发展中的融资需求方,介绍了各自经营现状、投融资模式以及近年宏观金融环境变化中微观融资成本变化的情况。某省国际信托公司和某省属商业银行代表影子银行活动的金融中介,介绍了各自业务发展模式及融资服务对象。参加座谈的政府部门中,某市财政局主要对本地

财政和债务的最新情况进行了介绍。某省金融办主任刘某则介绍了他对于影子银行及中国金融监管和金融改革的看法。

## 1. 某省投资集团（融资需求方）

### 基本情况

某省投资集团是于 1997 年注册成立的大型国有独资企业。截至目前，该集团已从成立之初的 29 名员工、30 亿元的注册资本，发展成为某省最大的综合性投资控股集团，员工逾 6 300 人，注册资本 87.29 亿元。某省投资集团下属多个控股公司，业务覆盖能源、铁路、旅游、林业、纸业、地产、医疗、文化、生物科技等多个实业领域。某省投资集团同时有参股公司 60 多家，是某省属商业银行第一大股东、某证券第二大股东、中银国际第三大股东。截至 2012 年底，某省投资集团合并总资产 797.54 亿元，在某省重点项目建设中累计完成投资突破 844.84 亿元，累计融资突破 932.56 亿元。2012 年某省投资集团营业总收入 129 亿元，净利润7 000万元。利润总额相对以往年度有大幅下降①，主要因为某省投资集团将电力股权等资产划转出组建能投集团，一方面对应负债及利息仍由某省投资集团本部承担，一方面能投集团对某省投资集团分红远不能覆盖该利息②。

2010年2.4个亿利润，2011年3.4个亿利润。

### 融资模式的发展

某省投资集团融资模式随着业务类型及宏观经济金融形势不同分为四个阶段。

第一阶段（2002—2006年）的国开行模式。这一时期某省投资集团主要从事政策性业务，国开行贷款期限长、利率低，与政策性业务吻合。截至2012年底，公司通过国开行获得的政府担保债务金额共计97.053亿元，政府负有偿还责任债务金额共计13.9亿元。

---

① 2010年为2.49亿元，2011年为3.71亿元。

② 对应债务利息支出为6.3个亿，但分红仅为3个亿。

第二阶段（2007—2009 年）的银行贷款模式。受 2008 年中央四万亿经济刺激计划影响，各大银行积极推介银行贷款，并以三年期项目贷款居多。某省投资集团借此机会全面推进项目建设与工农中建的合作力度达到历史峰值。

第三阶段（2010—2011 年）的信托模式。受政策因素影响，银行贷款不断收缩。某省投资集团也受到清理整顿地方政策性平台公司的影响，本部被限制获取流贷的途径。为规避这些不利影响，某省投资集团通过信托模式从银行获取贷款，期限一般为一年，利率较传统银行贷款要高，同时也暴露出运作不规范、资金不可持续等缺点。

第四阶段（2012 年至今）的直接融资模式。鉴于信托融资的缺点，从 2012 年至今某省投资集团积极降低信托贷款比重，加大直接融资力度。某省投资集团具有银行间市场交易资格，通过在银行间市场发行短期票据和企业债，在一定程度上摆脱了对银行借款的过度依赖，促使融资成本下降了一成多。另一方面也优化了债务结构，长期债务比例有所提高，较好实现融资结构与投资结构的匹配，保障重大项目的长期资金需求。目前某省投资集团在银行间市场累计发行了76亿元的短期票据和企业债。

### 当前融资结构与成本

某省投资集团当前融资结构中，银行借款占比下降到近40%，债券近20%，保险资金近12%，信托贷款近20%。其中企业债成本的利率约为五点多，银行贷款利率为6%—7%，信托贷款利率相对较高。保险资金的融资方式即保险债权计划，其融资成本与银行贷款接近，审核标准也与银行贷款类似，目前主要针对国家与省级项目。

某省投资集团投资项目多，总体资金需求大，因此该公司采用了财务中心的运作模式，以集团总体盘子定财务需求，融资并非针对单个项目。公司通过信托贷款所获得融资实际上与项目并不挂钩。近三年来，某省投资集团完成投资389.65亿元，融资540.28亿元，面临一定融资压力，但由于其产业链中涵盖多项实体产业，相比平台型公司融资环境要好一些。

## 2. 某省国际信托有限公司（融资中介）

**基本情况**

某省国际信托有限公司是 2003 年经中国人民银行"银复〔2003〕33 号"文件批准，由原某省国际信托投资公司增资改制后重新登记的非银行金融机构。公司注册资本为 4 亿元人民币，拟增资为 10 亿元。公司员工共计 82 人，2012 年营业收入 3 个亿，利润 1.5 个亿。2012 年底管理资产规模为 780 亿元，今年已超过千亿。

**业务构成现状**

某省国际信托有限公司虽然注册地在某省，但该公司管理的资产主要在省外。资产在省内外分布之比约为 1:5。其管理的主要资产类型为信托贷款、股权收益权及应收账款。在融资价格上，目前该公司对各融资项目定价类似银行，由于各个交易对手风险定价差异很大，所以最低的利率仅 4%—5%，最高则可达15%—20%。目前，该公司融资对象以国有企业为主，占比 70%—80%，其余为民营企业以及资本市场结构化融资。融资对象中，国有企业行业分布很广泛，省内则主要与龙头企业合作。民营企业中，该公司主要合作的也是在行业具有领先地位的企业。譬如近期该公司为安徽中鼎提供信托贷款，这家企业为汽车橡胶零配件生产领域的民营上市企业，向其提供的信托贷款的利率仅为 6%。

## 业务发展前景与风险

该公司业务部门负责人对于信托行业发展前景看好，认为信托业蓝海空间很大，未来发展会很快。其原因在于，信托业充当了利率市场化的先锋。现有银行对民营企业的贷款往往要求以贷转存，这提高了融资成本，而信托业可以提供直接融资服务。

当前信托业整体风险控制能力较强。首先，信托贷款的审核标准往往参考银行贷款审核标准，甚至会更高。过去十年间信托业融资企业的信用等级普遍很高，信托公司可以向董事会派驻董事，可以全额收押股权。目前全国 67 家信托公司的信托产品违约率为零。其次，信托公司有多样化的风险处置措施和缓释机制。最后，信托公司产品的创新，譬如"基金化"产品也有利于通过分散投资来控制风险。

信托业未来发展中面临的风险有三重。首先是法律风险。信托是从英美引进的，植根于英美法系的惯例法和衡平法。中国的《信托法》于2001年颁布，但配套的制度安排仍不足，譬如信托财产的权属问题。其次是宏观经济波动及宏观调控会对信托业发展产生风险。最后是基金公司和证券公司对于信托公司业务空间的挤压。今年以来，基金公司和证券公司的影子银行业务譬如资产管理等发展很快。由于其资产标准低于信托，对信托业形成竞争压力。

从未来发展方向看，信托业需要回归信托的本源，逐步去金融化。对于信托公司而言，随着融资利率市场化发展，未来融资能力非常重要，同时要能选择高质量的信用主题。该国际信托正在推动与阿里金融的合作。当前银行审批一家小微企业贷款的成本大概是2 300元，而阿里金融审批小微企业贷款的单笔成本可能不到1块钱。

## 3. 某市城建投资开发有限责任公司 （资金需求方）

### 基本情况

某市城建投资开发有限责任公司（简称：某市城投）是经某市人民政府批准于 1997 年 5 月成立的国有独资公司，注册资本金 35 亿元。截至 2013 年上半年，某市城投资产总额接近 500 亿元，负债率为 58%。资产构成中，300 多亿为路权和路产，10 多个亿的管道工程。其主要业务为城市基础设施建设、土地一级开发、城市运营，是一家标准的地方融资平台性公司。其主要还款资金来源为土地一级开发出让、特许经营权（譬如加油站、城市综合管道工程）、二级开发（与房地产企业合作进行旧城改造或者合作开发）。

### 融资现状及企业的看法

某市城投公司应用各种手段进行融资，包括银行贷款、信托、融资租赁、资产转让、企业债（即将发行第三只）等等，即将启动中期票据、短期融资券、资产支持证券等融资模式。目前银行贷款已停止对其发放，企业债发行也已停止，对于企业经营造成很大问题。按照市政府的要求，某市城投将当前融资成本控制在10%—11%，但相比该省投资集团（见上文）明显更高。

为缓解资金压力，某市城投在2010年政策转向后尝试商业化转型。2010年之前该公司只做公益性项目，基础设施建设主要靠土地出让收入，不与民争利。2010年后开始进行商业化转型，从政府处获得加油站的特许经营权，与房地产企业合作开发商业地产等。

该公司认为国家对于地方融资平台进行监管是必需的，但当前监管的方向和力度都已超出理想水平，也没有考虑到各地发展阶段的差异性。事实上，当前监管政策使得融资平台获得低成本融资的机会下降，从而不得不求助于更高成本的融资。控流动性的措施反而造成了系统性风险。从银行贷款角度看，虽然这三年对于地方融资平台采取了严厉的控制，但平台类贷款和房地产贷款的违约率却仍是各类贷款中最低的。这是由于地方政府整合资源的能力很强，有内部资金池支持流动性。另外，地方政府信用具有系统性，任何一笔贷款违约都会进入征信系统导致整个系统信用崩塌，因此地方政府违约成本极高。就某市而言，某市有十几万亩土地储备，匹配债务绰绰有余，另外某市也还有很大发展空间。

### 4. 某省属商业银行

**基本情况**

某省属商业银行成立于 2007 年，是在对某市商业银行进行增资扩股和处置不良资产的基础上成立的某省第一家省级地方性股份制商业银行。该银行目前有分支机构一百多家，在重庆市有一家唯一的省外分行，在老挝目前有一个代表处。该银行即将与老挝最大的银行老挝外贸银行合资组建一家银行，作为在老挝的子行。某省属商业银行有几千个股东，其中并列第一的两大股东是某省投资集团和大唐集团。截至 2013 年上半年底，某省属商业银行资产规模为1 050亿元，存款800多亿元，贷款500多亿元，利润总额12亿多，不良贷款率为0.6%。

### 影子银行业务现状

某省属商业银行对风险的偏好较低，对于理财产品主要在风险防控的前提下进行理财产品的设计，销售上有规范的销售管理办法，运营上则单独建账、单独管理并定期按时披露。该行发行理财产品的主要目的，是在市场竞争环境下保持对于存款户的市场影响力。目前理财产品发行规模不大，共计几十个亿，因此也没有开展资金池或资产池类的业务。所发行理财产品与其基础资产有明确对应关系。其基础资产配置主要投向债券、同业拆借、票据等金融资产。出于对政策导向的考虑以及风险上的考虑，其理财产品期限普遍超过32天，属于银行表内资产的保证收益型比例较大。最近（7月中旬）正发行的一只理财产品期限为42天，利率为6.15%。

## 对影子银行业务的认识

作为一家省级地方商业银行，某省属商业银行并不太关注对影子银行的具体界定，而是更加关注监管政策对理财、投行业务延续性的影响问题。银行业是受高度管制的行业，当前商业银行与监管机构的博弈能力越来越强，但博弈空间越来越小。银监会2013年3月出台的非标资产占理财产品余额35％上限的规定，对中小银行影响不大。当前对非标资产投资的资金来源主要是自营和同业资金。规范自营资金投资非标资产实际上是更大的问题，但现在还没有明确规定。

总体上看，当前银行理财产品整体上丰富了银行的产品线，丰富了居民的投资需求，同时通过理财业务可以拉伸银行的负债业务。理财产品在长期应该回归其理财本质，也应鼓励其持续发展。目前平台和房地产企业面临名单化管理，一刀切政策会带来一些风险和弊端。银行业需要有系统性的、透明的、持续的监管，给基层明确的政策预期，而不是按葫芦式的监管。

## 5. 某市财政局

2012 年某市地方公共财政预算收入 378 亿元，比 2011 年增长 19.1%。加上上级补助收入 213.8 亿元以及调入结转结余收入，总收入共计 640.3 亿元。2013 年上半年，某市地方财政收入仍保持快速增长，达 20.9%。政府性基金收入中，2013 年上半年土地出让金收入为 357 亿元，其中 200 多亿来自 2012 年所成交的地块。

某市政府债务构成中，2009 年前大部分是银行贷款，信托占 10%。2009 年以后银行贷款比例不断下降，2012 年末占比仅为 50%，信托贷款占比上升至 20%。

## 6. 某省金融办主任刘某

### 从"金融脱媒"的视角看影子银行

"影子银行"是一种媒体语言，用"金融脱媒"

的概念更为恰当。金融脱媒是一种市场自发的演进趋势，势不可当。当前银行存款的下降不仅是结构性的，而且是趋势性的，因此传统商业银行业务将遭遇越来越大的挑战。

2013 年体制改革的几项任务中一是金融体制改革，二是投融资体制。金融体制改革是为了进一步优化配置金融资源，而优化配置的自然结果就是金融脱媒。盘活金融资源存量，就必须打破大一统的金融监管体系与金融组织体系。在传统体制下盘活存量，只能治标，不能治本。金融脱媒的发展趋势有利于增强金融服务的可获得性、普惠性。因此，"影子银行"天然的符合利率市场化，天然的符合建立多层次金融机构的需求。金融组织体系的优化配置，才谈得上金融资源有效配置。对于金融脱媒的弊端也应有动态的认识，它事实上是体制改革成型的压力和动力。

## 对中国金融监管的认识

金融资源的有效配置中一个核心问题是谁配置资源。对此，中国金融监管体系必须向西方学习。金融改革最大的红利在于民生化、民营化，这其中属地管理原则非常重要、不容回避。中国金融体系存在典型的城乡与区域二元制度。金融改革需要打破大一统的金融机构和金融组织体系、金融政策和法律体系。通过大力培育地方金融组织体系，实现金融组织体系的下沉下移。

国办67号文帮助我们转变了三个观点：第一，金融只能中央办，不能地方办；第二，金融只能官办，不能民办；第三，金融只能精英办，不能草根办。中国金融体系应逐渐由外生供给强加性的金融体系转变为内生需求自主性的金融体系。

## 附录二　某市城建投资开发有限责任公司调研纪要<sup>*</sup>

**时间**：2013 年 7 月 17 日上午 9：00—10：30

---

＊ 笔录者陈思翀，中南财经政法大学金融学院副教授。

**地点：** 某市城建投资开发有限责任公司会议室

**调研对象：** 某市城建投资开发有限责任公司（简称：某市城投）

**调研人员：** 中国社会科学院世界经济与政治研究所国际金融中心调研组

**调研问题：** 某市城投的融资规模和成本怎样，主要是怎样解决融资问题的？某市城投的资产配置是怎样的？资产和债务之间是否存在收益率错配问题？即是否存在资产收益率低，但是融资成本高的问题？

某市的信息，可能具有一定局限性。但是，该市最近发展很快，也具有一定的典型性。

某市城投虽然是企业的身份，但却是在做政府的工作。不仅资源来自政府，而且公司债务也几乎可以等同于财政的债务。因此，某市城投实际是在管理地方债务。某市城投曾经发过两期债券。但是地方投资平台的融资受到宏观经济形势和中央宏观调控的影响很大，特别是受政策影响很大。虽然适当的监管是必要的，但是调控的方向和力度上似乎有点过头。也就是一旦势头改变，容易导致政策的一刀切。

例如，可以将四万亿刺激政策前后做一个简单的对比。2008—2009 年期间的融资规模是之前 10 年的总和，可见政策刺激力度之大。但是，2010 年之后，政策却急转直下，力度过猛，方向扭转过急。不但在调融资总量，而且合规要求更加严格。我们是按照商业项目的要求不断提升监管水平。但是金融机构按照国家的政策信号严格控制信贷，而且执行中非常严厉，导致银行的银根紧缩。同时，土地市场不够火爆，因此收入有所减少。凭借我们公司的抵押担保以及现金流，往往达不到银行的放贷条件。

某市城投的主要资金用途都是在城市发展上。现在，某市城投正在进行商业化的转型，但是投资项目也注意公益性。主要依靠政府部门配置的土地资产来偿还贷款，同时以其他收入作为补充。也就是在土地开发的同时，培养经营性项目，并进行商业化运营。因此，不仅资金需求大，而且具有一定的刚性。

但是现在，银行信贷的融资渠道不畅，对具有信用的企业来讲，债券也许是最好的融资手段。发行债券不仅规模大、成本低，而且期限长、资金使用灵活。

然后再辅以中票融资、信托、资产管理、租赁等作为补充。

某市城投现在的资金成本在10%—11%，实际并不高。当然，资金成本随时间，特别是随着调控的变化而变化。而且，像我们这样的地方政府融资平台的违约率其实也很低。相反，实体经济的违约纪录反而不好，因为没有兜底。这是因为，总的来讲我们公司的土地资产是可以匹配债务的。而且，地方政府违约成本很高，只要出问题可能就是系统性的。信用风险是连带、系统性的。金融机构的征信系统，将会导致我们根本无法融资。经过传导之后，信用体系可能完全崩塌。今后需要将政府信用转变为公司行为。现在是利用公司的壳举政府的债，所以不能有任何的违约行为。

现在即使是银行贷款的成本都在8%左右，而发行债券的成本在7%左右。而且，如果将城投债转变为政府债，可能还可以进一步降低成本。今后希望还能够推动资产证券化，这样可以帮助解决我们的融资需求。例如可以将预收账款等在公开市场出售，这样可能可以将融资成本降低到7%左右。甚至可以像国开行等在海外金融市场发行债券一样，整合国外资金利用在国内投资上。

现在，中央政策似乎有些过头，这容易造成更大的风险。虽然政策的出发点很好，但是可能带来更大的风险。同时，民间的投资需求也很大，资金也需要寻找出口。地方政府融资平台和房地产风险较低。近来中央的监管力度不断加大，因此某市城投也很自然地会思索如何突破中央政策的束缚。政策导致现在地方融资平台的融资偏向影子银行体系，而影子银行规模和运行都不透明，所以这反而容易提高资金成本，增大风险。

某市城投土地资产的创收受市场行情的变化影响很大。而且土地成本，包括征地拆迁、税费负担，七通一平等基础设施投入，中央以及省的各种提留基金，实际可用的资金也非常有限。因此，总的来讲土地财政是没有可持续性的。曾经的四万亿经济刺激政策的弊端正在显现，政府财政收入压力也较大。虽然透支仍在预算内，但是对地方经济带来不小风险。今后不但需要整合各类资源来偿还贷款，同时地方政府的税源问题也需要解决。

今后某市城投的方向是，一方面抓土地，另一方面要努力削减债务。在控制债务总量的同时，也要保证充足的流动性。由于基础设施建设具有推升土地资产价值的作用，因此足以支持滚动还款。

今后土地价格可能仍然会上涨，上涨幅度可能主要需要考虑通胀因素。房地产开发的成本则主要由以下四个部门组成：一是土地成本；二是建安成本，包括人工和材料等；三是需要缴纳的相关税费；四是开发商的利润留成。因此，今后影响房价可能是需求方面的因素最为重要。政府需要做的应该是中低收入者的住房保障问题。当然，这是一个系统工程，需要有系统思想。

**调研问题**：某市城投是否面临期限错配的问题？主要是如何进行流动性管理的？流动性问题会造成怎样的风险？

保证银行的流动性供给非常重要。一旦中央控制流动性，银行和我们都会吃不消。不但会造成资金成本高，而且风险也大。同时，我们公司也在内部建立资金池，提供流动性支持。今后需要大家多呼吁，地方融资平台应该以发债为主，其他融资渠道为辅助。这样可以短期之内解决流动性问题。

城投公司的资产和债务在客观上具有一定的期限错配问题，所以应该适当允许展期。否则，需要进行资金置换，这就会导致借新债还旧债的问题。但是，相关审批程序太长。需要进一步削减政府的相关权力，出台标准化的流程。

## 附录三　某省国际信托有限公司调研纪要<sup>*</sup>

**时间**：2013 年 7 月 17 日上午 10：40—12：00

**地点**：某省国际信托有限公司会议室

**调研对象**：某省国际信托有限公司（简称：国际

---

*　笔录者陈思翀，中南财经政法大学金融学院副教授。

信托）

　　**调研人员**：中国社科院世经政所国际金融中心调研组

　　**调研问题**：国际信托的现有业务和规模是怎样的？融资来源和成本如何？主要投资对象又是怎样的？

　　在2003—2010年期间进行重新登记以后，我们国际信托现在主要还是以资产管理为主，资本市场配置以及融资类信托相对比较少。而且虽然现在看似是刚性兑付，但是实际上还是买者自负。所以信托资产的收益和负债是对称的。

　　关于现在主流的融资类信托业务，国际信托是从2010年左右开始做融资类信托项目的。国际信托所做的融资类项目都需要相关银行的认可。我们主要还是一种提供金融牌照的服务，收取相应的手续费，所以收益收费和责任应该说是匹配的。

　　国际信托发展融资类信托主要是基于规模和利润考核的考虑。我们始终坚持信托的资产管理方向，参与现在所谓主流的融资类模式，主要是为了维持适当的规模和行业地位。

国际信托的投资对象主要是国有特大型国有企业。面向地方融资平台等的融资，要求必须是地级市以上；GDP 达到 1 500 亿元以上的规模；而且财政收入必须达到 100 亿元以上。因此，我们主要选择的是相对风险比较小的融资对象。因此，可以说国际信托相对于现在信托业的主流模式而言，风险偏好比较低。

国际信托现在采取的风险控制的手段：一是非常注意交易对手，尽量缩小交易对手范围。这样既可以保证融资对象具有较高资质，同时也便于后续管理。二是我们要保证融资项目符合监管规定。三是理财资金不能超过 30%。

集合信托现在约占国际信托融资资产的 20%，利差是 3% 左右，而且坚持不做分拆。与此相对，单一资金信托占比则为 80%，主要合作对象是金融机构和银行。集合信托的利率在 10%—11%，单一资金信托的利率为 5%—6%。而且，现在无论是融资成本还是借贷出去的利率都在下降。特别是面向大型平台项目的利率整体上处于下降的趋势。

**调研问题：**国际信托认为信托业面临的风险主要

在哪些方面？信托业的今后发展方向是怎样的？

信托业面临的一个重要问题是，几乎每年都在担忧下一年干什么。也就是说，信托业尚没有一个专属和固定的营利模式。今后，随着金融业混业经营的发展，以及利率市场化改革的不断推进，信托业很有可能不再是一个独立的行业。

国际信托现在也不断思考今后的信托业务突破。一个可能的方向是，我们正在探讨国际信托参与资产证券化业务的可能性以及方式方法。例如，在将基础资产打包进行资产证券化的过程中，国际信托可以充当特殊目的机构的角色。

## 附录四　某省投资控股集团调研纪要<sup>*</sup>

时间：2013 年 7 月 17 日下午 1：00—3：00

---

＊ 笔录者肖立晟，中国社会科学院世界经济与政治研究所助理研究员。

**地点：**某省投资控股集团会议室

**调研对象：**某省投资控股集团

**调研人员：**中国社会科学院世界经济与政治研究所国际金融中心调研组

**调研目标：**调研目的是探寻某省投资控股集团有限公司（简称"省投"）的发展历程，以及省投与某省政府基础设施建设投资之间的关系。

**座谈内容概要：**"省投"财务部主管介绍了省投的经营现状、投融资模式以及近年宏观金融环境变化对地方融资平台的影响。

**调研问题1："省投"作为地方融资平台运行的概况**

"省投"在1997年成立之初是省财政厅的账本，主要作为政府信用平台，投资于铁路、旅游、城建等行业，当时公司存在短贷长投，资金来源则主要以银行贷款为主。2009年之后，中央开始集中清理地方融资平台，"省投"资金链出现困难，当时主要依靠信托融资，融资利率较高，达到8%—9%。但是，在经过资产清理之后，"省投"融资压力较小，目前"省投"现金较充裕，主要负责为某省进行基础设施建设融资，并且也介入公共事业领域投资。

### 调研问题2："省投"的资金来源以及资产投向

"省投"的资金来源主要是银行贷款，虽然"省投"并不在政府的资产负债表内，但是，作为拥有政府背景的投资公司，"省投"的信用评级依然较高，目前是AA+，融资成本较低。从资金来源而言：其中40%的资金来源于银行，20%来源于债券市场，20%来源于保险，剩余20%来源于信托。从中可以看出"省投"的融资渠道较为分散，而且由于评级较高，从银行获得贷款的融资成本也处于较低水平。

"省投"的投资同时涉及金融领域和实体经济。其中电力行业占据39%，铁路占19%，金融行业占13%，冶金行业占5%，医疗占2%，旅游业占2%。总体而言，"省投"的资产方分布较为合理，特别是电力和冶金行业有较高的营利空间，因此并不会出现其他融资平台需要银行滚动贷款来维持企业运营的困境。财务负责人特别指出这类多元化的投资是"省投"持续发展的根基，只要宏观经济能够持续增长，这类投资就可以获得稳定回报。

虽然目前某省各市县有大量的融资平台，各类平台公司之间也存在激烈竞争，但是"省投"是某省实力最强的一家综合性的投融资公司，其中比较重要的原因是"省投"不需要承担纯公益性项目。除了"省投"以外，某省还有农业投资公司，公路投资公司等公益性较强的地方融资平台，这类融资平台的资产分散化程度就相对较差。

### 调研问题3：针对地方融资平台是否有相应的政策建议

最后，"省投"负责人针对当前地方融资平台的现状，提出了一点政策建议。他们指出地方融资平台的作用是通过政府投资拉动地方经济发展，但是中国区域发展不平衡现象较为严重，地方融资平台在东部和中西部的作用并不同，可能东部地区资金充裕，发展较为充分，地方融资平台的杠杆作用并不明显；而在中西部地区，每单位投资大约可以增加1.4单位的经济增长，因此，希望中央政府对地方融资平台的监管因地制宜。

# 附录五　某省属商业银行调研纪要[*]

**时间**：2013 年 7 月 17 日下午 3：30—6：00

**地点**：某省属商业银行总行会议室

**调研对象**：某省属商业银行战略发展部、国际业务部

**调研人员**：中国社会科学院世界经济与政治研究所国际金融中心调研组

**调研目标**：调研目的是探寻某省属商业银行理财产品的发展历程，并分析如何防范风险和进行有效的监管。

**座谈内容概要**：某省属商业银行战略发展部介绍

---

[*] 笔录者肖立晟，中国社会科学院世界经济与政治研究所助理研究员。

了理财产品的经营现状、投融资模式以及近年宏观金融环境变化对理财产品的影响。

### 调研问题 1：某省属商业银行发行理财产品的概况

某省属商业银行是一家地方性银行，主要服务于某省境内的中小企业以及私人投资者。某省属商业银行对理财产品的监管相对严格，强调监管不利会引发系统性风险，加之此前由于理财产品的违规操作引发操作风险，还受到某省银监局的处罚，因此理财产品的发行量并不是很大。目前某省属商业银行理财产品发行总量为 120 亿元，占存款额 15%，低于全国平均水平，3 个月理财产品收益率为5.2%，接近于股份制商业银行 4.93% 的收益率。负责人坦言发行理财产品的主要目的并不是获得融资来源，而是满足客户需求，避免在银行行业竞争中处于劣势。整体而言，某省属商业银行的风险管理较为严格。

**调研问题 2：某省属商业银行发行理财产品的品种与投向？**

理财产品的发行品种一般分为"一对一模式"和"资金池—资产池模式"。由于银监会明令禁止商业银行从事"资金池—资产池"理财产品业务，某省属商业银行并没有开展任何"资金池—资产池"业务，主要业务都是集中为某一类基础资产发行理财产品融资，这种理财产品在"一对一"的业务模式下，资金链条较短，融资来源与贷款之间不会出现期限错配，流动性风险较小。某省属商业银行负责人也提到，尽管银监会不允许银行同时针对理财产品开展"资金池—资产池模式"，但是银监会允许银行单独设立"资产池"，进行多元化投资。

某省属商业银行通过理财产品募集的资金主要投向标准化债权资产（即在银行间市场及证券交易所市场交易的债权性资产），杠杆率较低，而且通过自有资金来保证理财产品的兑付，偿付性风险较低。某省属商业银行负责人指出，银监会在 2013 年 3 月发布的"8 号文"中，非标债券资产不能超过 35%，也就是说理财产品中至少 65％ 需要投向标准化债权资产，而某省属商业银行的理财产品 80％ 以上都投向了标准化债权资产，主要是公司债；而且与信托公司之间的"银信合作"非常少，通过理财产品募集到的资金都存放在资产负债表内，并没有通过与信托公司合作投放到表外，整体风险较低。

总体而言，某省属商业银行对理财产品的经营相对谨慎，与国内其他股份制银行的激进态度差异较大，这对于降低银行运营风险有积极意义；但是在利率市场化的大背景下，某省属商业银行缺乏对中间业务的重视，理财产品发行额为 150 亿元，收益也仅为 3 000 万元，中间业务占全行业务比重仅为 4％，低于全国平均水平。这表明某省属商业银行的主要营利基础还是依靠传统的存贷款利差，并不能有效应对未来商业银行的转型和发展。

**调研问题 3：针对银行理财产品是否有相应的政策建议**

最后，某省属商业银行的负责人指出，目前银监会针对理财产品的发文过于频繁，地方商业银行疲于应付，不利于银行制定全面的经营策略；希望银监会可以形成系统的监管框架，增加政策实施的连贯性，帮助商业银行理解监管思路。